하늘의 별이 된
바보 김수환

하늘의 별이 된 바보 김수환

초판 1쇄 발행 2010년 3월 8일
초판 3쇄 발행 2020년 2월 15일

글쓴이 김영 | **그린이** 임양
발행인 양원석
디자인 dnb_이영수 | **마케팅** 윤우성, 유가형, 박소정

펴낸곳 ㈜알에이치코리아 | **주소** 08588 서울시 금천구 가산디지털2로 53, 20층 (한라시그마밸리)
편집문의 02-6443-8921 | **도서문의** 02-6443-8838 | **팩스** 02-6443-8959
등록 2004년 1월 15일 제2-3726호

ⓒ 김영, 2010
ISBN 978-89-255-3666-8 (73810)

이 책은 저작권법에 의하여 한국 내에서 보호를 받는 저작물이므로 무단 전재와 복제를 금하며,
이 책 내용의 일부를 이용하시려면 반드시 저작권자와 ㈜알에이치코리아의 서면 동의를 받아야 합니다.

어린이제품 안전특별법 표시 사항
제품명 도서 | **제조자명** ㈜알에이치코리아 | **제조국명** 대한민국 | **전화번호** 02)6443-8800
주소 서울시 금천구 가산디지털2로 53, 20층(한라시그마밸리)

※ 책값은 뒤표지에 있습니다.
※ 맞춤법과 띄어쓰기는 국립국어원의 기준에 따랐습니다.
※ 잘못된 책은 구입하신 곳에서 바꾸어 드립니다.
△ 책 모서리가 날카로워 다칠 수 있으니 사람을 향해 던지거나 떨어뜨리지 마십시오.

알에이치코리아 홈페이지와 블로그, SNS에서 자사 도서에 대한 더 많은 정보와 이벤트 혜택을 확인할 수 있으며,
전자책도 만나볼 수 있습니다.

홈페이지 http://rhk.co.kr | http://ebook.rhk.co.kr **페이스북** https://www.facebook.com/rhk.co.kr
블로그 http://randomhouse1.blog.me **유튜브** http://www.youtube.com/randomhousekorea
주니어RHK 포스트 https://post.naver.com/junior_rhk **인스타그램** @junior_rhk

하늘의 별이 된 바보 김수환

김영 글 | 임양 그림

주니어 RHK

머리말

소년의 꿈

　어머니에게 인삼을 마음껏 대접하는 것이 꿈인 소년이 있었습니다. 나이가 차면 장가를 가서 어머니를 모시고 행복하게 살아야지 하고 소년은 늘 다짐하곤 했습니다. 어머니를 모시고 살면서 몸에 좋다는 인삼을 마음껏 사 드리는 것, 어찌 보면 정말 평범한 소원입니다.
　너무 평범해서 그깟 소원 이루는 것쯤이야 그리 큰일도 아니라고 생각할 수도 있습니다. 그렇지만 소년은 끝내 그 소원을 이루지 못했습니다. 소년은 자라서 신부가 되었기 때문입니다.
　신부는 결혼도 할 수 없고, 어머니와 함께 살 수도 없습니다. 가끔씩 인삼을 대접하기는 했지만, 소년의 마음에 흡족할 정도는 아니었습니다. 가난한 사람들에게 대접할 것을 신경 쓰느라 어머니는 늘 뒷전일 때가 많았기 때문입니다.
　하지만, 어머니는 소년에게 섭섭하다고 하지 않았습니다. 사실 소년더러 신부가 되라고 한 사람은 바로 어머니였습니다. 어머니는 소년이 자라 세상 모든 이들을 어머니 대하듯 지극 정성으로 대하기를 간절히 바랐습니다. 소년은 어머니의 바람대로 잘 자라서 신부가 되었습니다. 그러고는 세상 모든 이들을 어머니 대하듯, 아니 자신의 어머니보다 더 귀한 존재로 대하며 살아갔습니다.

　소년의 이름은 세상에 널리 퍼졌고, 도움 받기를 원하는 이들의 손길이 늘 주위에 모여들었습니다. 소년은 아무리 힘들어도 얼굴 한 번 찌푸리지 않았습니다. 자신을 찾아온 이들을 보호하기 위해서라면 소년은 어떤 어려움이든 무릅쓸 수가 있었습니다. 이렇듯 평생을 다른 이들을 위해 살아온 소년은 죽기 직전 뜻밖의 고백을 합니다.

　"나는 정말 바보였습니다."

　머리카락이 하얗게 센 뒤에야 소년은 자신이 사랑을 베푼 게 아니라, 오히려 많은 이들의 사랑을 받아 왔다는 사실을 깨달은 것입니다. 그래서 그 간단한 진실 하나도 모르고 살았던 자신을 바보라 불렀습니다. 그러나 소년이 몰랐던 것이 하나 더 있습니다. 소년이 이 세상을 떠난 후 많은 이들이 소년의 마지막 모습을 보려고 몰려들었습니다. 그들이 기억하는 소년은 '사랑', 바로 그 자체였습니다. 사랑이라는 단어는 소년을 통해 살아 숨쉬고, 사람들을 따뜻이 다독여 주었습니다.

　소년의 말대로 소년은 많은 이들의 사랑을 받으며 살아왔습니다. 그러나 소년은 자신이 받은 사랑을 열 배, 혹은 백 배, 천 배로 세상에 되갚았습니다.

　자신을 바보라 불렀던 소년은 죽어서 사람들의 가슴속 별이 되었습니다. 그 소년의 이름은 바로 김수환입니다.

차례

1장 꿈 많던 어린 시절

어머니의 소원 … 10

성유스티노신학교 탈출 실패 사건 … 27

세심병 환자 … 40

2장 사랑과 봉사를 배우다

고해실의 비밀 … 54

공부하지 않는 유학생 … 68

누구 죄가 더 클까? … 79

3장 평화의 징검다리

대통령과의 면담 … 94

나를 밟고 지나가라 … 109

바보 김수환 … 122

"요셉 라브르 성인이 평생 간직한 다짐이 있어.
 하느님 사랑, 이웃 사랑, 자기 자신을
 내세우지 않는 마음 이렇게 세 가지란다."

1장
꿈 많던 어린 시절

어머니의 소원

뽀얗게 먼지 이는 길을 어린 소년이 걷고 있었습니다. 두 팔을 크게 휘두르며 기세 좋게 걷던 소년은 하, 하고 한숨을 내쉬더니 그 자리에 털썩 주저앉았습니다. 소년은 소매 끝으로 흐르는 땀을 닦았습니다. 한나절을 걸었건만 목적지인 대구는 아직 멀었습니다.

'멀긴 멀구나. 오늘 밤에는 도착할 수 있을까?'

소년의 이름은 김수환입니다. 수환은 대구에서 50킬로미터 넘게 떨어진 군위에 삽니다. 아침에 눈을 뜬 수환은 곰곰 생각한 끝에 자그마한 모험을 해 보기로 했습니다. 군위에서 대구까지 가

보는 것입니다.

 물론 아무런 이유도 없이 길을 나선 것은 아닙니다. 대구에는 누나네 집이 있고, 대구에 볼일이 있던 어머니가 며칠 동안 누나네 집에 가 있는 중입니다. 어머니를 보려는 것이 대구까지 가는 모험을 나선 첫 번째 이유입니다.

 또 다른 이유도 있습니다. 며칠 후면 수환은 대구에 있는 성유스티노신학교에 진학하게 됩니다. 이곳은 초등학교로 치면 5, 6학년 학생들이 주로 모여 신학을 공부하는 곳입니다. 신학교 생활은 지금까지와는 많은 부분이 다를 것입니다. 새로운 환경에 적응하기 위해서는 마음가짐부터 달리 해야 합니다. 그러니까 대구에 가서 어머니도 보고, 또 누나네 집에서 마음을 가다듬으며 새 학교로 갈 준비를 하기 위한 것, 그 두 가지가 수환을 아침 일찍부터 걷게 만든 것입니다.

 집에는 아무도 없었

냐고요? 가장 큰형님인 달수 형님이 있었습니다. 나이 차가 워낙 나는 데다가 주로 외지에 있는 까닭에 수환은 달수 큰형님이 살갑게 느껴지지 않았습니다. 그런 큰형님이기는 하지만 어린 막내 동생이 혼자 대구에 간다고 하면 못 가게 할 것이 분명하니 수환은 학교에 가는 척 몰래 집을 빠져나왔습니다.

형을 따돌린 건 재미난 일이었지만 신학교를 떠올리니 수환은 마음이 무거워졌습니다. 낯선 환경에서 새롭게 시작하는 것은 두렵지 않았습니다. 하지만 성유스티노신학교에 다니는 동안에는 집에 올 수 없다는 게 문제였습니다. 그러면 어머니를 볼 수 없게 됩니다.

어머니 없이 견뎌야 하는 것은 생각만으로도 너무나 끔찍했습니다. 그런데도 어머니는 자꾸 성유스티노신학교에 가라고만 합니다.

수환은 또 한 차례 하, 하고 한숨을 내쉬었습니다. 아까보다도 훨씬 더 깊은 한숨입니다. 그렇다고 언제까지 한숨만 내쉬고 있을 수는 없습니다. 수환은 일어나서 엉덩이에 묻은 흙을 톡톡 털었습니다. 그러고는 다시 걷기 시작했습니다. 얼마를 더 걸었을까, 고소한 떡 냄새가 수환의 코를 찔렀습니다. 수환은 자석에 끌린 쇠붙이처럼 좌판 앞에 섰습니다.

"아줌마, 떡 하나에 얼마나 합니까?"

수환의 어머니와 비슷하게 생긴 아줌마는 수환을 보더니 빙그레 미소를 지었습니다.

"우리 꼬마가 무척 배가 고팠구나. 오 전만 내라."

수환은 주머니를 뒤져 오 전을 꺼냈습니다. 총 재산이 십오 전이니 삼분의 일이 한꺼번에 빠져나가는 셈입니다. 아까운 생각이 들어 잠시 멈칫했지만, 배 속에서 나는 꼬르륵 소리에 수환은 더 이상 참지 못하고 손을 쑥 내밀고 말았습니다.

"자, 받아라. 두 개 더 넣었으니 맛있게 먹으렴."

"고맙습니다."

수환은 방금 받은 쑥떡 하나를 입에 넣고는 다시 걷기 시작했습니다. 쑥떡 맛은 꿀맛이었습니다. 평소에는 씁쓸해서 싫어했지만 지금은 그런 걸 가릴 때가 아니었습니다. 어찌나 급하게 먹었는지 목이 메어 캑캑거릴 정도였습니다.

재빨리 하나를 다 먹은 뒤 두 개째를 입에 넣을 때였습니다. 갑자기 눈물이 울컥 쏟아졌습니다. 어머니가 자주 해 주던 맛있는 부침개가 생각났기 때문입니다. 수환은 입술을 깨물고는 하늘을 쳐다보았습니다.

어머니 얼굴이 구름 위로 커다랗게 떠올랐습니다. 수환은 나지막한 목소리로 어머니를 불러 보았습니다.

"엄마!"

어머니와 함께 보냈던 아름다운 기억들이 하나둘 구름 위로 모습을 드러냈습니다. 수환은 고개가 아픈 줄도 모르고 그 광경을 보고 또 보았습니다.

수환의 집은 그리 넉넉한 형편이 아니었습니다. 모두 어렵게 살던 시절이었지만 수환의 집은 남들보다 조금 더 어려웠습니다. 수환에겐 아버지가 없었습니다. 수환이 초등학교에 들어가던 해, 아버지는 병에 걸려 세상을 떠났습니다.

그 뒤로 어머니는 여덟 명이나 되는 아이들을 홀로 키워야 했습니다. 어머니는 장터에 나가 물건을 팔았습니다. 옹기며 포목 같은 물건이었습니다.

장이 서는 날이면 어머니는 아침 일찍 집을 나섰습니다. 혼자 놀면서도 머릿속으로는 종일토록 어머니만 생각하고 있던 수환은 해거름이 되자 큰길로 달려 나가 어머니를 기다렸습니다.

붉은 석양이 하늘을 물들이고, 그마저도 사라져 검은 어둠이 온 사방에 깔릴 무렵이 되어서야 어머니는 비로소 고갯마루에 모습을 드러냈습니다. 혹시라도 어머니가 나타나지 않을까 싶어 발을 동동 구르며 가슴을 졸이던 수환은 그제야 꼭 참았던 큰 숨을 내쉬며 어머니를 불렀습니다.

"엄마!"

어머니는 얼굴 가득 웃음을 지으며 막내아들을 따뜻하게 안아 주었습니다. 수환은 어머니의 품 안에서 무엇이 그리 좋은지 수도 없이 키득키득거렸습니다.

모든 아이에게 어머니는 소중하고 특별하겠지만 수환에게는 더욱 그러했습니다. 식구는 많았지만 커 가면서 수환은 늘 혼자이다시피 했습니다. 나이 차이가 많이 나는 형과 누나들은 돈을 벌기 위해 일찌감치 고향을 떠나갔습니다. 세 살 위인 동한 형이 수환의 유일한 말 상대였습니다.

그렇지만 동한 형도 초등학교 4학년을 마치고는 성유스티노신학교에 입학했습니다. 기숙사 생활을 해야 하는 까닭에 형제가 함께 보낸 행복했던 시간도 그것으로 끝이었습니다. 그 뒤로 수환 곁에는 오직 어머니 한 분밖에는 없었습니다.

어머니는 많이 배운 분은 아니었습니다. 하늘 천, 땅 지 같은 간단한 한자와 당신의 이름 석 자만을 간신히 쓸 수 있는 정도였습니다. 배움이 부족한 어머니였지만 하느님에 대한 믿음 하나만큼은 그 누구에게도 뒤지지 않았습니다.

어머니와 함께했던 그 많은 일들을 수환은 결코 잊을 수가 없었습니다. 어머니는 매일 밤 수환에게 성서의 영웅들이나 성인, 혹은 효자들이 등장하는 이야기를 들려주었습니다. 그중에서 가장 기억에 남는 사람은 베네딕토 요셉 라브르 성인이었습니다.

"수환아, 요셉 라브르 성인의 별명이 무엇인지 아니? 바로 '로마의 거지'란다."

"로마의 거지? 왜 성인의 별명이 하필이면 거지야?"

"요셉 라브르 성인은 아무것도 가진 게 없었어. 신발도 없어 맨발이었고, 냄새나는 누더기 망토 한 벌만 걸치고 다녔거든. 그래서 사람들이 거지라 부르며 놀려 댄 것이지. 하지만 사랑 하나만은 정말 대단한 분이었어. 병에 걸린 이들을 자기 가족처럼 돌보고, 온몸의 기력이 다할 때까지 성당을 순례하며 이 세상에 오직 사랑만이 가득하기를 빌고 또 빌었단다. 결국에는 성당 앞에서 쓰러져 하느님의 품 안에서 돌아가셨지. 수환아, 너도 그렇게 살 수 있겠니?"

"응."

대답을 하기는 했지만 사실 수환은 요셉 라브르 성인처럼 살 자신은 없었습니다. 좋은 집, 어머니의 따뜻한 품 안을 떠나 길에서 고생만 하며 사는 삶이 과연 좋은 건가 하는 의문이 들었습니다. 그래도 수환은 어머니에게 '싫어!'라는 말을 하지는 못했습니다. 어머니가 실망하는 모습을 보고 싶지 않았기 때문입니다. 수환은 곰곰 생각했습니다. 성인은 좀 힘들겠지만 어머니가 원하는 또 다른 사람, 즉 부모에게 온갖 정성을 다하는 효자는 될 수 있을 것 같았습니다.

'그래, 성인보다는 효자가 되자.'

효자 되는 것, 그것은 그때부터 수환의 꿈이 되었습니다. 그렇게 마음속으로 다짐하고 나면 어머니의 기도 소리가 들려왔습니다. 어머니의 기도는 커졌다 작아졌다 하면서 끝도 없이 이어졌습니다. 수환은 어머니의 기도를 따라했다가, 어머니의 넓은 등에 머리를 기대었다가, 그도 지치면 꾸벅꾸벅 졸다가 마침내 스르르 잠이 들곤 했습니다.

수환은 어머니의 바람대로 살려고 무진 애를 썼습니다. 그렇지만 어머니가 수환에게 바라는 것은 무척이나 많았습니다. 교리 문답을 외우는 일도 그중 하나였습니다.

어머니가 하라는 대로 잘 하던 수환이었지만 뜻도 잘 알 수 없는 교리 문답은 지루하기만 했습니다. 수환은 어느 날인가 에라 모르겠다, 하고 교리 문답 책을 덮어 버렸습니다. 어머니는 이를 보고 그냥 넘어가지 않았습니다.

"수환아, 벌써부터 게으름을 피우면 나중에 어떻게 훌륭한 성인이 될 거냐?"

'내 꿈은 성인 되는 게 아니란 말이야.' 하는 말이 목구멍까지 올라왔습니다. 수환은 간신히 그 말을 집어삼켰습니다. 어머니는 고개를 좌우로 흔들고는 등을 돌려 앉았습니다. 수환은 조용히 자기 방으로 돌아와 앉았습니다. 마음이 편하지 않았습니다.

'내가 왜 그랬을까? 그깟 교리 문답, 외우면 그만인데.'

수환은 어떻게 하면 어머니의 마음을 되돌릴 수 있을까 곰곰 생각했습니다. 그때 선반 위에 놓인 버드나무 회초리가 눈에 띄었습니다. 수환은 발돋움을 해 회초리를 꺼냈습니다. 날카로운 회초리가 종아리에 닿을 생각을 하니 어깨가 절로 움찔댔습니다. 그래도 어쩔 수 없습니다.

수환은 입술을 깨문 뒤 회초리를 들고 어머니에게 갔습니다. 수환은 바지를 걷어 올리고 말했습니다.

"엄마, 잘못했어. 난 불효자야. 엄마가 하라는 걸 제대로 안 했으니 이 회초리로 나를 때려."

어머니는 수환이 내미는 회초리를 받아 들었습니다. 수환은 두 눈을 꼭 감고 얼굴을 찡그렸습니다. 그런데 한참을 기다려도 종아리는 말짱한 것이 아니겠습니까? 수환은 슬며시 눈을 떴습니다. 어머니는 회초리를 바닥에 내려놓았습니다. 그러고는 나지막한 목소리로 수환의 잘못을 꾸짖었습니다.

"잘못한 것을 알았으니 그것으로 됐다. 앞으로 다시는 그러지 마라."

수환은 무릎을 꿇고 어머니 앞에 앉았습니다. 어머니의 커다란 손이 수환의 등을 감싸 안았습니다. 그 손이 얼마나 따뜻하던지 수환은 그만 눈물을 터뜨리고 말았습니다. 그렇듯 감정에 복받쳐 울었으면서도 한편으로는 맞지 않아서 정말 다행이라는 생각도 들었습니다.

수환은 다시 걷기 시작했습니다. 떡은 다 먹지도 못했습니다. 다리가 너무 아파 더 못 걷겠다 싶을 무렵 트럭 한 대가 수환의 곁을 지났습니다. 수환은 품 안의 십 전짜리 동전을 꼭 쥐었습니다. 그런 뒤 손을 흔들며 외쳤습니다.

"아저씨, 저 좀 태워 주세요."

트럭이 흙먼지를 일으키며 멀찌감치 멈추었습니다. 수환은 종종걸음으로 트럭 앞에 다가갔습니다. 트럭 안에 올라타자 아저씨가 물었습니다.

"어디까지 가니?"

수환은 잠시 고민했습니다. 대구까지 간다고 말하려 했는데 수환의 입에서는 엉뚱한 말이 튀어나왔습니다.

"아저씨, 십 전을 드릴게요. 십 전어치 거리만큼 태워 주세요."

아저씨는 이상하다는 듯 고개를 갸우뚱했습니다. 그러더니 웃음을 지으며 말했습니다.

"녀석, 트럭이 타 보고 싶었던 게로구나."

그 당시는 자동차가 드문 때였습니다. 아저씨는 수환이 재미 삼아 트럭을 타려는 줄 알았던 것입니다. 트럭은 쌩쌩 속도를 내며 달렸습니다. 수환은 대구까지 간다는 말을 꺼낼까 말까 망설였습니다.

'아저씨가 대구까지 갈지도 모르잖아. 그러니까 말이라도 한번 해 보면……. 아냐, 괜한 폐를 끼쳐서는 안 되지. 그래도…….'

수환이 그렇게 갈등하고 있는 동안 트럭은 끽, 하고 멈추어 섰습니다.

"꼬마야, 이 정도면 되겠지? 너무 멀리 가면 안 될 터이니 이제 그만 내려라."

수환은 아저씨에게 고개를 꾸뻑 숙여 인사를 했습니다. 수환이 내리자마자 트럭은 다시 흙먼지를 일으키며 사라져 갔습니다. 방향을 보니 대구 쪽으로 가는 것이 분명했습니다.

수환은 몇 번째인지도 모를 한숨을 내쉬고는 터벅터벅 걷기 시작했습니다. 걷는 내내 수환의 머릿속에는 엄마의 말 한 마디가

맴돌았습니다. 수환의 가슴을 아프게 만든 말이었습니다.

"너희는 이다음에 커서 꼭 신부가 되어야 한다."

벌써 2년도 전의 일이지만 수환은 그 말을 하던 어머니의 모습을 똑똑히 기억합니다. 그날 어머니는 대구 시내에 다녀온 길이었습니다. 어머니는 성당에 다녀온 이야기를 먼저 꺼냈습니다.

"오늘 성당에서 무슨 일이 있었는지 아니? 새로 신부가 되는 분들을 기념하는 예식인 서품식이 열렸단다. 서품식이 얼마나 아름답고 경건하던지……."

어머니는 그 광경이 생생하게 떠오르는지 한동안 말을 잇지 못했습니다. 그러고 난 뒤 나온 말이 바로 신부가 되라는 이야기였습니다. 언제나 의젓한 동한 형은 조금도 망설이지 않고 대답했습니다.

"알겠습니다."

어머니의 눈길이 수환을 향했습니다. 수환은 망설였습니다. 사실 수환에게는 아무에게도 털어놓지 않은 원대한 꿈이 있었습니다. 수환은 평생 어머니와 함께 살고 싶었습니다. 그래서 자세한 계획도 세워 놓았습니다. 초등학교를 마치면 상점에 취직해 오륙 년 정도 일한 뒤 직접 장사를 해 돈을 많이 모으는 것입니다. 스물다섯 살이 되면 장가를 들어 살림을 차리고 어머니를 모시고 살면서 몸에 좋다는 인삼을 마음껏 사 드리고 싶었습니다.

수환의 생각에는 그게 바로 효자가 되는 길이었고, 어머니의 지극한 은혜를 갚는 길이었습니다. 그렇지만 신부가 되면 장가도 못 가고, 어머니도 못 모시게 됩니다. 수환이 세워 놓은 자신만의 꿈이 엉망이 되고 마는 것입니다.

그렇지만 어머니의 뜻을 거스른 사람이 효자가 될 수는 없는 노릇입니다. 수환은 모기만 한 목소리로 대답했습니다.

"응······."

끝도 없이 이어진 길을 걷는 동안 수환은 그리 쉽게 대답한 것을 후회하고 또 후회했습니다.

'그냥 싫다고 하는 건데. 엄마랑 오래오래 살고 싶다고 말하는 건데.'

하지만 후회하기에는 너무 늦었습니다. 며칠 후면 성유스티노 신학교에 가기로 되어 있는 마당입니다. 이제와 그걸 바꾸려면 어머니와 한바탕 다툼을 벌여야 합니다. 수환에겐 어머니와 다툼을 벌일 만한 힘도, 괜한 다툼으로 어머니의 기분을 상하게 만들 마음도 없습니다. 수환은 여태껏 들고 있던 떡을 입에 넣었습니다. 흙먼지가 묻은 탓에 모래알 같은 것이 씹혔지만, 수환은 그 떡을 씹고 또 씹었습니다.

수환이 누나네 집에 도착한 때는 해가 뉘엿뉘엿 질 무렵이었습니다. 거의 쓰러질 듯한 모습으로 들어선 막내 동생을 본 누나는 화들짝 놀랐습니다.

"아니, 얘가 어떻게 여기까지 왔어?"

"엄마는 어디 있어?"

"엄마는 오늘 군위로 돌아가셨어. 너 신학교 보낼 준비를 해야 한다고 하시면서 말이야."

힘이 빠진 수환은 그 자리에 털썩 주저앉았습니다. 그만 어머니와 길이 어긋나고 만 것입니다. 그러나 어머니는 그냥 군위에 머물 분이 아니었습니다. 다음 날 아침 일찍 어머니의 목소리가 들렸습니다.

"수환이, 수환이 여기 있니?"

방에서 나온 수환을 보자 어머니는 눈물을 흘리며 수환을 안았습니다.

"아이고, 이놈아! 군위에서 대구가 얼마나 먼지도 모르고……."

수환은 이때다 싶어 어머니에게 본심을 털어놓았습니다.

"엄마, 나 오래오래 엄마랑 같이 살고 싶어. 나 신학교에 안 가면 안 돼?"

수환의 말을 들은 어머니는 눈물을 닦고 수환을 바라보았습니다. 어머니의 얼굴이 이내 차분해졌습니다. 수환은 자기도 모르게 무릎을 모으고 앉았습니다.

"수환아, 너 요셉 라브르 성인 알지?"

수환은 말없이 고개를 끄덕거렸습니다. 어떻게 로마의 거지를 잊을 수 있겠습니까?

"요셉 라브르 성인이 평생 간직한 다짐이 있어. '하느님 사랑, 이웃 사랑, 자기 자신을 내세우지 않는 마음' 이렇게 세 가지란다. 지금은 잘 모르겠지만 이 세 가지를 지키며 사는 건 엄마랑 함께 사는 것보다 훨씬 더 중요한 일이야. 알겠니?"

사실 수환은 어머니의 말이 잘 이해가 되지 않았습니다. 하지만 그 말을 하는 어머니의 얼굴에는 굳건한 확신이 서려 있었습니다. 그 순간 수환은 깨달았습니다.

'이게 바로 엄마가 원하는 길이구나. 효자가 되려면 이것 하나만큼은 받아들여야 하는 거로구나.'

수환은 입술을 꽉 깨물었습니다. 그러고는 입을 열어 대답했습니다.

"알겠어, 엄마. 나 신부가 될게."

수환의 대답을 들은 어머니는 수환을 다시 한 번 꼭 껴안아 주었습니다. 수환은 속으로 다짐했습니다. 신부가 되는 것이 무엇을 뜻하는지는 몰랐습니다. 하지만 어머니를 기쁘게 하기 위해서라면 꼭 신부가 되겠다고 다짐에 다짐을 했습니다.

    수환은 며칠 후 성유스티노신학교에 들어갔습니다. 해가 지고 어둠이 밀려올 무렵 수환은 습관처럼 창밖을 흘깃흘깃 넘겨다보았습니다. 그렇지만 아무리 둘러보아도 어머니의 모습은 보이지 않았습니다.

    수환은 고개를 숙이고 입술을 깨물었습니다. 어머니 품 안을 파고들며 행복해하던 어릴 적 시간은 이제 저 언덕 너머로 사라졌습니다. 이제는 어머니 없이 혼자서 이 세상을 헤쳐 나가야 하는 때가 된 것입니다. 수환은 두 눈을 감았습니다. 그러고는 어머니가 그랬던 것처럼 나지막한 목소리로 기도하기 시작했습니다.

성 유스티노 신학교
탈출 실패 사건

 아직 날은 채 밝지도 않았는데 수환은 눈을 동그랗게 뜨고 깨어 있었습니다. 수환은 일 전짜리 동전을 쉴 새 없이 만지작거렸습니다. 얼마나 오랫동안 만지작거렸는지 표면이 반질반질해질 정도였습니다.

 수환은 며칠 전 일 전짜리 동전을 우연히 손에 넣었습니다. 새로 갈아입은 윗도리에 무엇인가 딱딱한 것이 있어 꺼내 보았더니 바로 일 전짜리 동전이었던 것입니다.

 수환은 동전을 들고 담당 신부님께 가려 했습니다. 바로 얼마 전 아침 훈화 시간에 담당 신부님이 다음과 같이 엄포를 놓은 것이 생각났기 때문입니다.

"돈을 가지고 있는 학생들은 모두 다 내게 맡겨 놓도록. 혹시라도 개인적으로 돈을 가지고 있다가 들키면 이유도 묻지 않고 바로 집으로 쫓아 보낼 것이야. 모두 알아들었지?"

그러나 담당 신부님께 가던 수환은 몇 걸음 가지 않아 걸음을 멈추었습니다. 어렵게 얻은 동전을 그대로 담당 신부님께 바친다는 것은 아무래도 말이 되지 않는 듯했습니다.

'그래. 며칠만 가지고 있어 보자. 그다음에 드려도 되겠지.'

수환은 그렇게 마음을 고쳐먹고 동전을 다른 학생들과 신부님의 눈에 뜨이지 않도록 서랍 깊숙한 곳에 숨겨 놓았습니다. 그렇게 며칠이 지나고 수환의 머릿속에 번쩍 꾀가 떠올랐습니다.

자신의 머릿속에서 나온 감쪽같은 꾀에 수환은 잔뜩 흥분이 되었습니다. 손바닥에 땀이 나고, 가슴이 심하게 두근거렸습니다.

수환은 입가에 웃음을 머금었습니다. 드디어 집에 돌아갈 방법을 찾은 것입니다. 수환은 너무 기뻐 소리라도 지르고 싶었습니다. 하지만 그랬다간 담당 신부님께 혼쭐이 날 테니 기쁜 마음도 잠시 동안은 억누르고 있어야겠지요.

'어쩌면 이건 엄마가 있는 집으로 돌아가라는 하느님의 뜻인지도 몰라. 그렇다면……'

그 순간 옆에서 자고 있던 친구가 크게 코를 골았습니다. 수환은 속마음을 들킨 것 같아 화들짝 놀랐습니다. 잠시 후 가슴을 쓸어내린 수환은 성유스티노신학교에 들어온 이후의 나날을 머릿속에 떠올려 보았습니다.

성유스티노신학교는 지금까지 다녔던 초등학교와는 완전히 다른 학교였습니다. 하루 일과부터가 완전 딴판이었습니다. 초등학교 시절 수환은 해 뜨기가 무섭게 학교에 가곤 했습니다. 친구들과 놀기 위해서입니다. 아침부터 친구들과 땀 흘리며 뛰어논 뒤 수업을 듣고, 수업이 끝나면 또다시 신 나게 놀았습니다. 선생님께 혼나기도 했지만, 수환은 공부도 곧잘 했으므로 크게 혼나는 일은 없었습니다.

성유스티노신학교의 주요 일과는 기도와 공부, 그리고 신부님의 설교를 듣는 일로 이루어졌습니다. 가끔 운동을 하는 시간도 있었지만 초등학교 시절에 비하면 너무나 적었습니다. 공부를 좋아하는 수환이었지만 기도, 공부, 설교가 계속해서 이어지니 견디기가 쉽지 않았습니다. 자기도 모르게 하품이 나온 적이 한두 번이 아니었습니다. 그럴 때마다 담당 신부님은 수환을 그냥 내버려 두지 않았습니다.

"수환 군, 그렇게 해서야 어떻게 신부가 되겠나? 정신 똑바로 차리도록!"

수환은 단 한 번도 그냥 넘어가는 법이 없는 담당 신부님이 참으로 원망스러웠습니다. 그렇다고 그 원망을 드러낼 수는 없었습니다. 수환은 그저 고개 숙이며 "죄송합니다. 정신 차리겠습니다."라고 대답하는 것이 고작이었습니다.

학교생활의 따분함도 열악한 기숙사 환경에 비하면 아무것도 아니었습니다. 원래 학교 건물이란 일반 건물에 비해 훨씬 낡고 오래된 법입니다. 날씨가 좋은 봄이나 가을에는 별 문제가 없었지만 조금만 덥거나 조금만 추운 계절이 찾아오면 기숙사는 찜통과 냉장고 같았습니다.

어떻게 된 까닭인지 여름에는 바깥보다 훨씬 더웠고, 겨울에는 바깥 날씨와 다를 바 없이 추웠습니다. 여름의 더위도 고역이었지만 특히나 견디기 힘든 것은 겨울의 매서운 추위였습니다. 유난히 추위를 많이 타는 수환은 겨울이 되면 이불 앞에서 고민에 고민을 거듭하곤 했습니다.

'아, 오늘은 또 얼마나 추울까? 그냥 솜옷을 입고 잘까?'

솜옷을 입고 자면 따뜻하기는 합니다. 그렇지만 솜옷을 벗고 잘 경우와 비교하면 또 다른 골칫거리가 생깁니다. 수환은 이미 몇 차례 경험해 보았기 때문에 어떤 일이 생길지 훤히 잘 알았습니다. 그렇지만 수환은 열에 여덟, 아홉 번은 따뜻함의 유혹에 굴복하고 맙니다.

솜옷을 입고 자면 어떤 일이 생길까요?

처음에는 너무도 따뜻해서 기분이 좋아집니다. 그렇지만 몇 시간이 지나면 사정이 달라집니다. 몸 전체에서 땀이 조금씩 흐르다가 조금 더 지나면 아예 온몸이 흥건히 젖어 버립니다. 땀은 계속해서 이불 속까지 적셔 버립니다.

아침나절이 되면 잔뜩 젖은 옷과 이불 때문에 불쾌한 기분으로 눈을 뜨게 됩니다. 문제는 그것뿐이 아닙니다. 이불이 젖었으니 말려야 하겠지요. 무거워진 이불을 낑낑대며 빨랫줄에 널어놓습니다. 따뜻한 실내라면 이불은 뽀송뽀송하게 마르겠지만 기숙사 실내는 바깥과 다를 바 없습니다. 하루 수업을 다 마치고 저녁때 돌아오면 수환은 한숨부터 내쉽니다. 친구들도 수환의 이불을 만져 보며 한마디씩 해 댑니다.

"우아, 얼음장이 따로 없구나."

"수환아, 너 극기 훈련 하냐?"

땀에 젖은 이불이 마르기는커녕 그대로 꽁꽁 얼어 버린 것입니다. 수환은 군말 없이 이불을 바닥에 폅니다. 겉으로는 아무렇지

않은 듯 멀쩡한 얼굴을 하고 있지만 속으로는 솜옷을 입고 잔 것을 엄청나게 후회하는 중입니다.

'이럴 줄 뻔히 알면서 도대체 왜 솜옷을 입고 잤을까?'

며칠이 지나면 수환은 후회 따위는 까맣게 잊어버립니다. 그래서 또다시 솜옷을 입고 잘까 말까로 고민을 하는 것이지요.

학교생활의 따분함도, 기숙사의 열악함도 마음의 괴로움에 비하면 아무것도 아니었습니다. 수환은 성유스티노신학교에 들어오기 전까지 어머니와 떨어져 산 적이 없었습니다. 해 질 녘이 되면 잊지 않고 몰려오는 그리움은 밤이 깊어도 좀처럼 떠날 줄 몰랐고, 날이 가도 조금도 줄어들지 않았습니다. 끊일 듯 끊일 듯 이어지는 어머니의 기도 소리, 맛있는 과일을 어디선가 구해다 주시며 지어 보였던 뿌듯한 웃음, 거기에 바다처럼 넓고 깊어 기대어 잠들기 딱 좋았던 등⋯⋯. 심지어는 수환을 혼내던 엄한 목소리까지도 모두 다 그리웠습니다.

어머니에 대한 기억이 유독 선명한 날이면 수환은 좀처럼 잠을 이룰 수 없었고, 그때마다 어머니의 말에 떠밀려 무작정 신학교에 온 것을 후회하곤 했습니다.

'나한테는 장사가 제격인데. 장사꾼이 된다면 어머니 곁을 떠나 지금처럼 고생하는 일도 없을 텐데.'

그런 날들이 이어지자, 안 그래도 굳건하지 않았던 수환의 마음은 조금씩 흔들렸습니다. 그렇듯 갈피를 잡지 못한 채로 며칠을 보내자 이제는 성유스티노신학교를 떠나 집으로 돌아가는 것만이 유일한 해결책이라는 생각이 들기 시작했습니다.

수환의 머릿속은 '어떻게 하면 성유스티노신학교를 떠날 수 있을까?' 하는 궁리로 가득 찼습니다. 제 발로 걸어 성유스티노신학교를 나갈 수는 없는 노릇이니 무엇인가 그럴 듯한 구실을 찾아내야만 했습니다. 그때 수환의 눈앞에 나타난 것이 바로 일 전짜리 동전이었습니다.

얼마 후 친구들이 하나둘 잠자리에서 일어났습니다. 수환은 친구들이 바쁘게 교실로 갈 준비를 하는 동안 일부러 느릿느릿 행동했습니다.

"수환아, 넌 안 가냐?"

"어, 뭐 좀 찾을 게 있어서. 먼저 가."

친구들이 모두 교실로 간 것을 확인한 수환은 일 전짜리 동전을 서랍 안, 제일 눈에 잘 띄는 자리에 놓아두었습니다. 혹시라도 잘 안 보일까 봐 서랍 안에 있던 다른 물건들을 한쪽으로 밀어 놓기까지 했습니다. 수업을 받으러 가는 수환의 마음은 흥분으로 콩

닥콩닥거렸습니다.

'이제 신부님이 이 동전을 발견하기만 하면 되는 거야! 신부님이 동전을 발견하면 내게 호통을 치실 것이고, 그럼 규칙을 어긴 나는 학교를 쫓겨나 집으로 돌아가게 되겠지.'

수환은 학생들이 교실로 간 뒤 담당 신부님이 기숙사를 한 바퀴 돌아본다는 사실을 알고 있었습니다. 담당 신부님은 성격이 불같은 분입니다. 당신이 몇 번이나 이야기했는데도 학생 가운데 누군가 돈을 가지고 있었다는 사실을 알고서 가만있을 분이 아닙니다.

성유스티노신학교에 들어온 후로 그날처럼 마음이 가벼웠던 적은 없었습니다. 지루한 수업도, 끝나지 않을 것만 같던 기도 시간도 그날만큼은 하나도 힘들지 않았습니다. 수환 못지않게 힘들어하던 다른 친구들이 수환에게 물었습니다.

"수환아, 너 오늘 왜 이리 기분이 좋니? 난 지겨워 죽겠는데, 넌 수업이 지겹지도 않아?"

"지겹기는! 재미있기만 하다."

수환은 기분이 너무 좋은 나머지 하마터면 오늘 아침 자신이 어떤 일을 벌였는지 말할 뻔했습니다. 수환은 입술을 꽉 깨물었습니다. 괜히 친구들에게 호들갑을 떨었다 일을 그르치기라도 하면 큰일이니까 말입니다.

그런데 어찌된 까닭인지 일은 수환의 뜻대로 돌아가지 않았습니다. 하루가 다 저물어 가는데도 담당 신부님이 수환을 부르지 않은 것입니다. 심지어는 수업이 끝나고 수환과 눈이 마주쳤는데도 아무런 말씀도 없었습니다. 수환의 머릿속이 복잡해졌습니다.

'어떻게 된 거지? 오늘은 기숙사를 안 돌아보셨나?'

그렇다고 담당 신부님께 오늘 기숙사를 안 돌아보았냐고 물어볼 수도 없는 일이었습니다. 조금 전까지만 해도 날아갈 듯한 기분이었지만, 이제 수환의 마음은 쉴 새 없이 콩닥콩닥거릴 뿐이었습니다.

수환은 불안을 달래려 혼자서 운동장을 뛰었습니다. 그런데 뛰면서도 불안한 마음은 사그라지지 않았습니다. 여태껏 생각하지 못했던 걱정거리들이 하나둘 떠올라 수환의 작은 머릿속을 가득 채워 버린 것이었습니다.

'담당 신부님이 동전을 발견해서 학교를 떠나게 되었다고 해 보자. 집으로 돌아가면…… 집으로 돌아가면, 엄마는 어떤 얼굴로 나를 맞을까?'

아마도 어머니는 수환을 반겨 주지 않을 것입니다. 어쩌면 고개를 돌려 수환을 외면해 버릴지도 모르겠습니다. 설령 수환을 받아 주더라도 어머니의 마음 깊은 곳에는 슬픔이 자리하게 될 것입니다. 거기에까지 생각이 미치고 보니 수환은 정신이 바짝 들었습니다. 그것은 아무리 생각해도 효자의 길이 아닌 것입니다.

수환은 달리기를 멈추고 기숙사로 들어갔습니다. 아침에 놓았던 동전은 제자리에 놓여 있었습니다. 수환은 친구들 몰래 동전을 손에 움켜쥐고는 밖으로 나갔습니다. 잠시 고민하던 수환은 그 동전을 담장 밖으로 던져 버렸습니다. 동전이 땅바닥에 떨어지는 소리가 났습니다. 그 소리가 왜 그렇게 크게 들리는지요. 가슴 한쪽이 떨어져 나가는 듯한 아픔이 느껴졌습니다.

하지만, 이제 후회해도 소용없는 일입니다. 담장 밖으로 떨어진 동전을 다시 손에 쥘 수 있는 방법은 없으니까요. 수환은 기숙사로 돌아오는 길에 담당 신부님의 방문을 두드렸습니다. 담당 신부님이 방문을 열며 말했습니다.

"들어오너라."

담당 신부님 앞에 앉아서도 수환은 한동안 아무 말도 하지 못했습니다. 이야기를 먼저 꺼낸 것은 오히려 담당 신부님이었습니다.

"수환아, 요즈음 학교생활은 어떠냐?"

"쉽지는 않지만 잘 견뎌 보려고 하는 중입니다."

"잘 생각했다. 누구에게나 힘든 시기는 있는 법이야. 그러나 지나고 보면 지금의 어려움이 아무것도 아니었음을 깨닫게 되는 날이 오게 될 거다."

"신부님, 제가……."

"아하, 동전 말이냐? 네 서랍 안에 동전이 하나 있더구나. 그래, 그걸 어떻게 했니?"

"사실은 저……."

"아직도 동전을 가지고 있니?"

"아닙니다. 담장 너머로 던져 버렸습니다."

"하하. 녀석, 그랬으면 됐다."

"왜 저를 혼내지 않으십니까?"

"그 이유를 알고 싶으냐?"

"……."

"수환이 너를 믿기 때문이다."

그 말을 들은 수환의 눈에서 눈물이 똑똑 떨어졌습니다. 잠시 후 수환은 간신히 눈물을 멈추었습니다. 담당 신부님은 평소와 다름없는 목소리로 말했습니다.

"수환아, 밤이 깊었다. 이제 기숙사로 돌아가야지?"

"네……."

수환이 방문을 열고 밖으로 나오려 하자 담당 신부님이 다시 한 번 수환을 멈춰 세웠습니다. 담당 신부님은 수환의 머리를 쓰다

듬으며 이렇게 말했습니다.

"수환아, 넌 훌륭한 신부가 될 거다. 어려움이 있으면 언제든 말해라. 내가 할 수 있는 한 도와줄 테니."

수환은 고개를 숙이고 밖으로 나왔습니다. 수환은 지금껏 담당 신부님은 호랑이 같은 분이라고만 생각해 왔습니다. 그러나 그것은 수환의 잘못된 생각이었습니다. 겉으로는 엄하기 그지없는 분이지만 속마음은 학생들에 대한 사랑으로 가득 차 있다는 것을 '동전 한 닢 사건'을 통해 새롭게 깨달았습니다.

수환은 기숙사로 돌아와 잠자리에 들었습니다. 수환의 신학교 탈출 사건은 완벽한 실패로 끝났습니다. 그렇지만 수환은 하나도 아쉽지가 않았습니다. 오히려 너무도 다행이라는 생각까지 들었습니다. 수환은 두 눈을 감고 조용히 기도했습니다.

'오늘 하루를 무사히 넘기게 해 주신 것, 신학교에 계속 다니게 해 주신 것, 정말로 감사드립니다. 앞으로는 더욱 열심히 하는 수환이 될 것을 맹세합니다.'

세심병 환자

수환은 성유스티노신학교를 졸업하고 서울에 있는 동성상업학교에 진학했습니다. 웬 상업학교냐고요? 그 당시 동성상업학교는 갑조와 을조로 나뉘어 있었는데, 갑조는 상업학교였고 을조는 신학교였습니다. 수환이 진학한 것은 물론 을조였습니다.

수환은 그럭저럭 학교생활에 적응해 나갔습니다. 공부도 제법 열심히 하고, 쉬는 날에는 친구들과 어울려 북한산에도 다녀오곤 했습니다. 산 정상에 올라 소리도 지르고 노래도 부르면 울적했던 기분이 싹 풀리는 것 같았습니다. 그렇지만 그때뿐이었습니다.

방학이 되어 집에 다녀온 뒤에는 눈에 띄게 의욕이 떨어졌습니다. 예전보다 부쩍 늙은, 혼자 사는 어머니의 모습이 시도 때도 없이 떠올랐고, 그럴 때면 공부고 뭐고 다 그만두고 집으로 내려가고 싶은 생각이 하루에도 수십 번씩 수환의 마음을 괴롭혔습니다.

그렇다고 성유스티노신학교 때처럼 학교를 때려치우겠다고 마음먹을 수도 없는 노릇이었습니다. 고등학생이 되고 보니 그런 생각이 얼마나 순진한 것이었는지 스스로 충분히 알 수 있게 되었습니다.

대신 이번에는 며칠 동안 학교 수업을 빠질 만한 꾀를 내게 되었습니다. 완전히 그만두는 것은 아니고, 그저 며칠 정도 쉬는 것은 큰 문제가 안 되겠다 싶어 말입니다. 수환은 담임 신부님을 찾아갔습니다.

"머리가 아파서 며칠 쉬었으면 합니다."

사람 좋은 신부님은 별 의심 없이 고개를 끄덕였습니다. 수환은 기쁜 마음으로 기숙사로 돌아가 누웠습니다. 처음에는 너무도 좋았습니다.

"기숙사가 이렇게 좋은 줄 처음 알았네. 이리 뒹굴, 저리 뒹굴 해도 뭐라는 사람도 없고."

기분이 좋아진 수환은 앞으로도 가끔씩 꾀병을 부려서 자유를 만끽해야겠다는 생각을 했습니다. 그런데 그러한 즐거움은 그리 오래가지 못했습니다. 수업을 받는 친구들의 목소리가 멀리서 들려왔습니다. 그런데 그 소리를 들으니 해방감은커녕 무엇인가가 자꾸 가슴 한구석을 찔러 왔습니다.

거기에 더해 이상한 느낌까지 들었습니다. 평소와 다를 바 없는 목소리들이었지만 왠지 친구들의 목소리에는 기쁨이 어려 있는 것 같았습니다. 혼자서 빈둥거리는 즐거움은 잠깐이었습니다.

몇 시간이 지나자 오히려 괴로워졌습니다. 몸도 마음도 모두 편치 않으니 차라리 친구들과 어울리는 게 더 좋겠다 싶은 생각까지 들었습니다. 그래도 해 놓은 말이 있는 터라 당장 자리에서 일어나 교실로 갈 수는 없었습니다.

수환은 그렇게 이틀을 더 보냈습니다. 마침내 단 일 초도 더 참을 수 없게 되자, 수환은 신부님을 찾아갔습니다. 차마 꾀병이었다고 사실대로 털어놓을 수는 없는 노릇이었습니다. 그래서 선배가 알려 준 대로 말해 버렸습니다.

"아무래도 축농증에 걸린 것 같습니다."

심한 병은 아니라는 뜻으로 말한 것인데 신부님은 수환의 말을 다르게 받아들였나 봅니다. 수환의 얼굴을 보며 신부님은 근심 어린 표정을 지었습니다.

수첩을 뒤적거리던 신부님은 이렇게 말했습니다.

"잘 아는 병원이 있는데 가서 진찰을 좀 받아 보게나."

말이 나온 이상 병원에 다녀오는 시늉이라도 해야 합니다. 그래서 귀찮은 일 해치운다는 기분으로 병원에 갔는데 수환이 전혀 생각지 못한 일이 벌어졌습니다. 의사 선생님은 수환을 꼼꼼히 진찰하더니 얼굴 가득 주름을 지으며 말하는 것이었습니다.

"학생, 축농증이 맞아. 수술하는 게 좋겠어."

꾀병을 부려 며칠 쉬려 했던 것인데 이제는 꼼짝없이 수술을 받아야 하는 처지가 되었습니다. 며칠 후 수환은 수술을 받았고, 그 바람에 한 학기를 쉬게 되었습니다.

결국 동전 사건도, 꾀병 소동도 모두 실패로 끝났습니다. 그렇지만 두 번의 일을 통해 수환은 깨달은 것이 하나 있었습니다.

'아무래도 신부가 되는 게 내 운명인가 보다.'

그렇습니다. 수환은 신학교를 벗어나고 싶어 온갖 꾀를 부렸지만 그때마다 무엇인가가 그러지 못하게 하는 듯한 느낌을 받았습니다. 수환은 그게 무엇인지 뚜렷이 알지는 못했습니다. 그래서 운명이라는 말로 그 심정을 대신한 것입니다.

아무튼 수환은 이제 어머니 때문에 신부가 된다는 생각은 버렸습니다. 이제 신부는 수환 앞에 놓인 유일한 길이 되었습니다. 그렇지만 모든 일은 그리 쉽지 않았습니다. 신부가 되는 길은 아직 멀리 있었고, 그 길을 걸으려면 수환은 또 한 차례 자기와의 싸움에서 승리해야만 했습니다.

어느덧 3학년이 된 수환은 전과는 완전히 다른 사람이 되었습니다. 예전에는 공부에도 시큰둥했고, 짬이 나면 소설책을 찾아 읽기에 바빴습니다.

그러나 한 학기를 쉬고 나니 이제는 공부에 욕심이 났습니다. 수환은 공부도 열심히 했고, 소설책 대신 어릴 적 어머니가 읽어 주었던 성인전을 찾아 읽기 시작했습니다.

공부의 지루함을 덜려고 손에 잡은 성인전이었지만 수환은 책 속에서 예상하지 못했던 감동을 맛보았습니다. 이를테면 다음과 같은 구절이었습니다.

'하느님은 작고 보잘것없는 존재를 통해서도 당신의 사랑을 충

분히 드러내는 분입니다.'

어머니가 읽어 주었을 때 수환의 가슴에 가장 크게 와 닿았던 것은 성인들의 효성이었습니다. 그러나 이제 다시 읽으니 효성보다 더 크게 와 닿는 것은 굳은 땅처럼 단단한 성인들의 굳건한 믿음이었습니다.

어떠한 어려움이 닥쳐도 남 탓, 세상 탓하지 않고 앞만 바라보며 제 갈 길을 가는 성인들의 모습은 너무도 감동적이었습니다.

수환은 자신의 가슴에 손을 얹었습니다. 가슴속에서 무엇인가 뜨거운 기운이 올라와 참을 수가 없었습니다. 수환은 조용히 눈을 감았습니다.

성인전을 읽어 주시는 어머니의 목소리가 바로 곁에서 들리는 것 같았습니다. 멀리 떨어진 곳에 있지만 자식을 생각하는 어머니의 마음은 늘 수환 곁에 머무르고 있었던 것입니다. 수환은 그제야 깨달았습니다.

'그렇구나. 어머니는 한시도 내 곁을 떠난 적이 없어.'

수환은 또 어머니가 왜 자신을 신부로 만들려 했는지도 깨달았습니다. 언제나 자식을 위해 노심초사하는 어머니가 수환에게 바란 것은 효자가 아니라 성인이었습니다.

어머니 한 사람을 위해 사는 것이 아니라 이 세상에서 사랑을 필요로 하는 사람들 모두를 위해 사는 것, 그리하여 로마의 거지인 요셉 라브르 성인처럼 하느님의 사랑을 온 천지에 드러내는 것, 그것이 어머니가 사랑하는 막내아들 수환을 자신의 품에서 떼어 신학교에 보낸 이유였습니다.

성인전을 통해 깨달음을 얻은 것까지는 좋았는데 수환에게 이상한 병도 하나 덤으로 생겼습니다. 천주교에는 자기가 지은 죄를 신부님께 고백하는 고해 성사라는 것이 있습니다. 깨끗한 사람으로 다시 태어나야겠다고 결심한 수환은 자신이 저질렀던 조그마한 잘못까지도 낱낱이 기억해 내 신부님께 고백하고, 용서를 받았습니다.

하지만, 그러면 마음이 편해져야 할 텐데 수환은 그렇지가 않았습니다. 고해 성사를 하고 기숙사로 돌아와 누우면 또 다른 잘못이 생각났습니다. 후다닥 일어나 또다시 고해 성사를 하고 돌아와 누우면 또 다른 잘못이 떠올랐습니다. 하도 자주 오니 신부님은 걱정스러운 눈빛을 하고 이렇게 말했습니다.

"수환 군, 신부가 어떤 사람이라고 생각하나?"

"네?"

"혹시 신부는 죄도 없는 천사 같은 순결한 사람이라고 착각하고 있는 것은 아닌가?"

"……."

"신부도 사람이야. 대신 죄를 짓지 않고 살려고 끊임없이 노력하는 사람이지. 노력하는 마음을 버리지 않는 게 중요한 거야. 자네처럼 언제까지나 잘못한 것만 생각해서는 신부가 될 수 없다네."

수환은 그 말을 듣고서야 자신의 행동에 문제가 있음을 깨닫고, 끊임없이 자기 잘못을 찾아내는 이상한 습관을 버리게 되었습니다. 그렇지만 그것만으로 일이 다 끝난 것은 아니었습니다.

이번에는 신부가 될 수 없다고 한 신부님의 말씀이 자꾸만 생각났습니다. 생각하면 할수록 신부님의 말씀은 수환의 처지를 꼭 집어 표현한 말처럼 느껴졌고, 그런 기분에 빠지자 수환의 고민도 점점 더 수렁처럼 깊어 갔습니다.

'신부님 말씀이 맞아. 어쩌면 난 신부될 자격이 없는지도 몰라.'

불안하고 흔들리는 수환의 마음을 더욱더 흔들어 놓은 것은 신부님의 설교였습니다.

"예수님께서 이렇게 말씀하셨습니다. '도둑은 죽이고 훔치고 파괴하려고 울타리를 넘습니다. 그러나 양 치는 목자인 나는 양들의 생명을 지켜 주려고 왔습니다. 나는 양을 위해 내 목숨을 바치려고 이 세상에 온 것입니다.'

여러분, 여러분은 양 치는 목자입니까, 아니면 도둑입니까? 신부가 되겠다고 하면서도 여전히 도둑의 심보를 가지고 있는 것은 아닙니까? 스스로 가슴에 손을 얹고 자신이 양 치는 목자인지, 도둑인지 생각해 보시기 바랍니다. 혹시라도 도둑의 마음을 가진 사람이 있다면 지금이라도 늦지 않았으니 짐을 챙겨 떠나십시오."

수환은 아무래도 신부님이 자신더러 들으라고 그런 설교를 한 것만 같았습니다. 신부님의 말과 설교 하나하나가 수환의 마음을 뜨끔하게 만들었습니다. 아무래도 결단을 내려야 했습니다. 그래야 여러 사람에게 폐를 끼치지 않을 테니까요. 수환은 그 후로도 며칠을 더 고민한 후에 신부님 방문을 두드렸습니다.

"신학교를 그만두겠습니다."

"왜 그렇게 생각하게 되었나?"

"저는 도둑 심보를 가진 것 같습니다."

"자네가 도둑 심보라고 생각해서 그런 설교를 한 게 아니야. 신학을 배우는 모두가 정말로 신부의 자격을 갖추고, 다른 이들을 위해 살 마음이 되었는지를 살펴보라는 뜻에서 한 것이지."

"저는 양 치는 목자가 되기에는 너무나 부족합니다."

신부님은 한참 동안 아무 말도 하지 않았습니다. 어색한 기운이 방 안에 가득 찰 무렵 마침내 신부님이 입을 뗐습니다.

"신부란 자기가 되고 싶다고 되는 것도 아니고, 되기 싫다고 안 되는 것도 아니다."

"고민을 많이 했습니다. 저는 자격이 없는 것 같습니다."

신부님은 잠시 후 방이 떠나가도록 큰 소리로 외쳤습니다.

"당장 나가!"

수환은 가슴이 철렁했습니다. 나름대로 굳게 결심을 하기는 했지만 막상 신부님 입에서 나가라는 말이 나오니 어찌할 바를 몰랐습니다. 수환은 주저주저하다가 신부님께 물었습니다.

"도대체 어디로 가라는 말씀입니까?"

신부님은 어처구니없다는 표정을 지었습니다. 그러고는 아까보다는 한결 누그러진 목소리로 말했습니다.

"어디긴 어디냐? 내 방에서 나가 공부나 하란 말이다. 고민은 그만하고 그 시간에 공부를 해야지."

공부나 하라는 당연한 말씀이 그때처럼 기쁘게 들린 적은 없었습니다. 근심을 준 것도 신부님이었고, 그 근심을 풀어 준 것도 신부님이었습니다. 신부님은 나가라는 말 한마디로 수환의 가슴 속 고민 또한 당장 쫓아 버린 것입니다.

신부님의 방을 나온 수환은 가슴을 쓸어내렸습니다.

'그래, 난 신학교를 그만둬서는 안 돼. 신부는 내가 가야 할 유일한 길인걸.'

이제까지 수환의 가슴속에 항상 자리하던 머뭇거림은 완전히 사라졌습니다. 수환은 아니라고 하면서도 실은 어머니의 뜻을 이루려고 신학교에 다녔던 것입니다. 그렇기에 작은 일에도 흔들리고 고민했던 것입니다.

 하지만, 앞으로는 달라질 것입니다. 신부가 되고 싶다는 꿈은 이제 온전히 수환 자신의 것이 되었습니다. 이제 더 이상의 흔들림은 없습니다. 신부가 되는 꿈을 이루기 위해 수환은 온 정성을 다해 열심히 노력할 것입니다.

"신부는 교회에 다니는 사람들만 돌보는 사람은 아니야.
어렵고 힘든 처지에 있는 모든 사람을 위해
일하는 사람이 바로 신부라고!"

2장

사랑과 봉사를 배우다

고해실의 비밀

안동 본당(천주교에서 주임 신부가 늘 머무르는 성당)의 신도들에게는 비밀이 한 가지 있습니다. 서로 이야기를 나누다가도 고해실이라는 단어만 나오면 모두 말을 멈추어 버립니다. 이를테면 이런 식입니다.

"어젯밤에 잠을 자려는데 문득 그동안 지은 죄가 떠오르지 뭔가. 다음 날 일어나서 고해실…… 아차, 그게 아니고……."

"신부님을 만나려고 고해실…… 아차, 그러니까 그게 아니고 성당에 가서……."

고해실은 하느님에게 자신의 죄를 고백하는 장소입니다. 그런 고해실에 어떤 비밀이 숨어 있기에 다들 쉬쉬하는 걸까요? 고해실의 비밀을 풀기 위해서는 수환이 처음 신부가 되어 안동 본당에 부임하던 때로 거슬러 올라가야 합니다.

 1951년 9월 15일, 수환은 마침내 정식 신부가 되었습니다. 열세 살에 성유스티노신학교에 들어갔는데 서른 살에 신부가 되었으니 17년이 걸린 셈입니다. 신부가 되기 위해 서품식을 받던 그날의 광경은 평생 잊지 못할 것입니다.

 대구 계산동 성당의 빈자리가 신부님과 성도들로 가득 차기 시작했습니다. 서품식이 시작될 무렵에는 빈자리를 찾아볼 수 없을 정도가 되었습니다. 서품식을 주제하는 신부님의 기도가 본당 가득 울려 퍼졌습니다. 수환은 제단 바닥에 엎드리면서 하느님께 이렇게 속삭였습니다.

 '사실 저는 다른 길로 가려 했던 적이 한두 번이 아니었습니다. 그러나 하느님은 오직 이 길만을 제게 보여 주셨습니다. 이제 주님 뜻을 따르겠습니다.'

 이제 신부의 길로 가게 되지만 그 전에 꼭 감사를 표해야 할 분이 있었습니다. 바로 어머니입니다. 어찌 보면 사제 서품식의 진정한 주인공은 수환이 아니라 어머니였습니다. 어머니 덕분에 수환은 신부의 길을 택하게 되었고, 그 길을 자신의 사명으로 받아

들이게 되었으니까요.

나중에 안 사실이지만 예식이 거행되는 내내 어머니는 마룻바닥에 무릎을 꿇은 채 막내아들이 신부로 다시 태어나는 광경을 지켜보았다고 합니다. 예식을 마치고 수환은 어머니와 함께 사진을 찍었습니다. 수환은 어머니의 손을 꼭 잡고 이렇게 말했습니다.

"어머니, 고맙습니다."

"고맙기는. 오히려 내가 더 고맙지. 아들 둘이 신부가 되었으니 나는 더 이상 바랄 게 없구나!"

동한 형과 수환, 이렇게 둘이 신부가 된 것을 이르는 말이었습니다. 주름이 깊게 팬 어머니의 얼굴에는 자식을 둘이나 신부로 키웠다는 자부심이 가득했습니다.

신부가 된 수환은 안동 본당 주임 신부로 발령을 받았습니다. 신학교를 갓 졸업했는데 곧바로 주임 신부가 된 것입니다. 당시 신부가 워낙 부족했기 때문에 가능한 일이었습니다. 안동 본당으로 가는 내내 수환의 가슴은 심하게 두근거렸습니다.

'안동 본당은 어떤 모습일까? 신도들은 또 얼마나 될까? 내가 잘 해낼 수 있으면 좋겠는데……'

잔뜩 들뜬 마음을 안고 성당에 도착해 보니 이게 웬일입니까?

주임 신부는 성당에서 생활을 하게 되어 있는데 수환이 머무를 곳은 말 그대로 텅 비어 있었습니다. 어찌나 깨끗한지 살림살이라고는 빗자루 하나 밥그릇 하나 남아 있지 않았습니다. 한동안 멍하게 있던 수환은 뒤늦게 정신을 차리고 이 사람 저 사람에게 사정을 물어보았습니다.

"살림살이가 하나도 없는데……. 어떻게 된 겁니까?"

"이전 신부가 모조리 가져갔소."

"살림살이는 개인 것이 아니라 성당 것으로 알고 있는데요."

"그렇지요. 하지만 이전 신부는 신도들과 사이가 좋지 못했다오. 그래서 남은 사람들을 골탕 먹이려는 심사에서 다 가져가 버렸지. 신부란 사람이 마음 씀씀이하고는 참……."

마을 사람들의 이야기를 듣는 동안 수환은 얼굴이 붉게 달아올랐습니다. 신도들에게 화가 났다고는 하지만 살림살이를 모조리 가져가 버린 것은 신부답지 못한 행동이었습니다.

어찌 되었건 당장 곤란을 겪는 것은 수환이었습니다. 당시는 북한과의 전쟁이 아직 끝나지도 않은 때였습니다. 지금처럼 시장에 가면 원하는 물건을 얼마든지 살 수 있는 때가 아니었습니다. 조그마한 물건 하나를 구하려 해도 이리저리 바쁘게 뛰어다녀야만 했습니다. 수환은 궁리 끝에 성당에 있는 고아원을 찾아갔습니다.

"새로 온 주임 신부입니다. 며칠 동안 밥을 좀 얻어먹을 수 있을까요?"

"아, 예……. 그렇게 하시지요."

하지만, 고아원도 모든 것이 부족한 판이었습니다. 주임 신부라 대놓고 말은 못해도 '이제 그만 왔으면……. 아이들 먹을 것도 부족한데 눈치도 없이.' 하는 기색이 역력했습니다.

아이들 밥을 뺏어 먹고 주임 신부 노릇을 할 수는 없는지라 결국 수환은 다른 방법을 찾기로 했습니다. 숟가락, 젓가락, 밥그릇은 신도들에게 부탁해 어렵사리 얻고, 끝내 구할 수 없었던 냄비는 돈을 주고 샀습니다. 살림을 도울 사람까지 구한 후에야 비로소 제대로 된 밥 한 끼를 먹을 수 있었습니다.

급한 불부터 끄고 나자, 수환은 그제야 안동 읍내를 차분히 돌아볼 여유를 갖게 되었습니다. 흙먼지가 풀풀 나는 마을 이곳지곳을 살펴보면서 수환은 마음이 한없이 무거워지는 것을 느꼈습니다. 안동 읍내 사람들의 생활은 한마디로 엉망진창이었습니다. 폭격을 받아 허물어지거나 불타 버린 집이 두 집 건너 한 집꼴이었고, 남아 있는 집들도 겉으로만 멀쩡했지 불편 없이 살려면 상당히 많은 곳을 수리해야만 하는 상황이었습니다.

집보다 더 큰 문제는 당장 먹을 것을 구하는 일이었습니다. 불행은 한꺼번에 닥친다고, 두 해나 잇따른 흉년으로 한 끼 한 끼 해결하기가 너무도 힘이 들었습니다. 제대로 된 곡식은커녕 밀가루 같은 구호 음식을 구하는 일도 하늘의 별 따기였습니다. 하도 배가 고프다 보니 사람들은 나무껍질을 벗겨 죽을 끓여 먹기까지 했습니다. 수환의 입에서 긴 한숨이 흘러나왔습니다. 자신이 가진 것을 다 바쳐서라도 먹을 것을 구해다 주고 싶은 심정이었습니다. 그러나 가진 것이 없기로 치면 수환 또한 마찬가지였습니다. 수환은 하늘을 보며 생각했습니다.

'예수님이라면 어떻게 하실까?'

그저 사람들을 보며 한숨만 쉬고 있지는 않았을 것입니다. 사람들을 위해 무슨 일이든 벌이셨을 것이 분명합니다. 예수님이 그러셨으니 수환도 마땅히 그래야 합니다. 무슨 좋은 방법이 없을까 궁리에 궁리를 거듭하다가 수환의 머릿속에 떠오르는 한 사람이 있었습니다.

'부산에 계신 안 제오르지오 주교님을 찾아가 볼까?'

안 주교님은 원래 미국 사람으로 우리나라를 구호하는 사업을 책임지고 있는 분이었습니다. 그분께 사정을 잘 이야기한다면 충분하지는 않더라도 얼마간의 도움은 얻을 수 있을 것 같았습니다. 나름의 해결책을 궁리해 내자 수환은 젊은 신부답게 조금도 머뭇거리지 않았습니다. 밤새 끙끙거리며 안 주교님께 드릴 영문 편지를 정성스럽게 쓴 수환은 당장 부산에 내려가 안 주교님을 찾아뵈었습니다.

안 주교님이 일본 출장 중이라 수환은 교황 사절로 일하시는 필스텐벨그 대주교님께 사정을 말씀 드렸습니다. 대주교님은 편지를 가지고 위층에 다녀온 후 조용히 말했습니다.

"안 주교님은 내일 돌아오신다네. 기다렸다가 만나 뵙고 가게."

다른 말씀은 없었지만 수환은 그 말씀 속에서 왠지 일이 잘 풀릴 것 같은 느낌을 받았습니다. 기다리라는 말에는 무엇인가 조치를 취하겠다는 뜻이 담겨 있으니까요.

유난히 긴 밤을 보낸 다음 날 수환은 일본에서 돌아온 안 주교님을 만났습니다. 안 주교님은 이미 이야기를 들었는지 수환을 반갑게 맞이하더니 수표 한 장을 건네주었습니다. 수표를 받아든 수환은 깜짝 놀라 자신의 눈을 의심했습니다.

'아니, 이렇게나 많이 주시다니!'

수표에 적혀 있는 금액은 이천만 원이었습니다. 이천만 원은 지금도 큰돈이지만, 그 당시에는 지금보다 몇 십 배는 더 가치 있는 돈이었습니다. 그 돈을 얻게 된다면 많은 신도들이 허물어져 가는 집도 고치고 밀가루도 충분히 구할 수 있을 것입니다. 잔뜩 놀라는 수환의 표정을 본 안 주교님은 빙긋 웃으며 편지 한 통을 건넸습니다. 대구 교구장인 최덕홍 주교님께 전하는 편지였습니다.

기차를 타고 대구까지 오는 길은 너무도 멀게만 느껴졌습니다. 안주머니에 든 돈을 누군가 눈독 들이지는 않을까 싶어 양손으로 안주머니를 꼭 감싸고 대구까지 왔습니다. 의심 많은 신부라 욕해도 그 순간만은 어쩔 수 없었습니다. 그만큼 귀하고 큰돈이었으니까요. 마침내 수환은 최 주교님을 만나 그간의 사정을 설명하고 돈과 편지를 모두 전달했습니다. 편지를 다 읽은 최 주교님은 고개를 들더니 수환에게 물었습니다.

"얼마쯤 받아 가면 되겠는가?"

수환으로서는 참으로 대답하기 난처한 질문이었습니다. 돈이야 많으면 많을수록 좋지만, 제 입으로 얼마를 달라고 말하기는 참 곤란했습니다. 또한 워낙 큰돈이라 얼마면 될지 도무지 가늠이 되지 않기도 했습니다.

"주교님이 주시는 대로 받겠습니다."

수환의 대답을 들은 최 주교님은 절반을 주겠다고 말했습니다. 수환은 말없이 고개를 숙여 보였습니다. 그렇지만 속마음은 달랐습니다. 너무 기뻐 하늘로 날아오르는 듯한 기분이었습니다. 수환이 정성껏 쓴 편지 한 통이 천만 원이라는 거금을 만들어 낸 것입니다.

안동으로 돌아온 수환은 어렵사리 얻은 돈을 어떻게 쓸지 궁리했습니다. 수환이 가장 먼저 한 일은 성당 보수 공사입니다. 신도들의 집도 문제였지만, 성당 또한 당장 미사를 보기도 힘들 정도로 엉망이었습니다.

하지만, 수환이 성당을 보수하기로 결심한 데에는 다른 목적도 있었습니다. 공사는 주로 신도들을 고용해서 진행하고, 신도들에게는 일당을 주었습니다. 하루 일이 끝나고 일당을 받은 신도들은 너 나 할 것 없이 모두 깜짝 놀라는 표정을 지었습니다. 다른 데에서 받는 일당보다 훨씬 많았기 때문입니다. 고맙다며 연신 고개를 숙이는 신도들에게 수환은 그저 이렇게 말할 뿐이었습니다.

"이 돈은 여러분이 열심히 일한 대가입니다. 저에게 고마워하실 필요는 없습니다."

몸이 아프거나 나이가 많아 일을 못하는 신도들을 위해서는 다른 대책을 마련하였습니다. 수환은 신도들에게 고해 성사를 하러 오라고 했습니다. 신도들이 고해실에 들어오면 수환은 고해를 받는 대신 엉뚱한 질문을 했습니다.

"집안 형편은 어떻습니까? 농사는 얼마나 짓습니까?"

신도들은 어리둥절했지만, 다른 사람도 아닌 주임 신부의 질문이라 성실하고 솔직하게 대답을 했습니다. 신도들의 이야기를 들은 수환은 형편에 알맞은 돈을 건넸습니다. 그러면서 신도들에게 다짐을 받았습니다.

"여기서 돈을 받았다는 이야기는 아무에게도 하면 안 됩니다. 아시겠습니까?"

신도들은 아무 말 없이 고개를 끄덕였습니다. 고해하러 왔다가 돈을 받아 갈 줄은 꿈에도 생각하지 못했을 것입니다. 죄를 고백하러 온 신도들은 뜻밖의 사건에 깜짝 놀랐습니다. 그렇지만 그것은 너무도 기분 좋고 고마운 놀라움이었습니다. 이런 일들을 겪으며 수환에 대한 신도들의 믿음은 굳건해졌습니다. 젊은 신부가 제대로 할 수 있을까 하는 의구심은 완전히 사라졌습니다.

수환이 매일 저녁 여는 교리 수업을 듣는 신도들의 수 또한 점점 늘어났습니다. 달리 갈 곳이 없던 신도들은 공부가 끝난 뒤에도 자리를 떠날 줄 몰랐습니다. 신도들이 모여 웃음꽃을 피우며 이야기를 나누는 광경은 정말 보기 좋았습니다. 이제 성당은 신도들의 사랑방 역할까지 하게 된 것입니다.

당시 수환에 대한 신도들의 애정이 얼마나 대단했는지를 보여 주는 일화가 있습니다. 수환은 가끔씩 일을 보려고 대구에 가곤 했습니다. 그런데 일을 마치고 돌아와 보면 성당 주변에는 늘 수환을 기다리는 신도들이 모여 있었습니다. 수환을 발견한 신도들은 마치 가족을 대하는 것처럼 살갑게 수환을 맞이해 주었습니다. 그중에는 이렇게 말하는 신도도 있었습니다.

"신부님, 대구에 가지 마세요. 신부님이 안 계시면 성당이 꼭 텅 빈 것 같으니까요."

'성당이 텅 빈 것 같다.'는 말을 듣는 순간 수환의 눈가에는 눈물이 아롱아롱 맺혔습니다. 수환은 신도들이 눈치채지 못하게 소매로 슬쩍 눈가를 닦았습니다. 다 큰 남자 신부가 눈물을 보이는 것이 왠지 조금은 부끄럽게 느껴졌기 때문입니다.

그러나 수환의 속마음은 너무도 기뻤습니다. 신도들이 수환을 성당에 꼭 있어야 할 사람, 안동에 꼭 있어야 할 사람으로 여긴다는 것은 수환을 한 가족처럼 여긴다는 증거였습니다. 그때 수환은 진심으로 먼저 다가서면 사람들은 그 진심을 외면하지 않고 받아 준다는 중요한 사실을 깨달았습니다. 이 깨달음이야말로 앞

으로 오랫동안 수환을 지탱해 줄 귀중한 양식이었습니다.

수환은 안동 성당에서 오랫동안 일하고 싶었습니다. 이 사람들과 함께하면 하루하루가 너무나 즐거울 것만 같았습니다. 그러나 수환의 바람과는 달리 수환은 안동 성당에 오래 머물 수 없게 됩니다. 대구 대교구장인 최덕홍 주교님의 비서로 발령을 받았기 때문입니다. 수환은 아쉬움을 뒤로하고 대구로 향했습니다. 수환이 떠나는 날 성당 앞에는 수많은 신도들이 모여들었습니다. 울먹이는 신도들 앞에서 수환은 차마 고개를 들지 못했습니다. 그때 누군가가 큰 소리로 이렇게 말했습니다.

"신부님, 고해실의 비밀은 죽을 때까지 지킬게요."

"아니, 이 사람이…… 고해실에서 무슨 일이 있었다고 그래? 거기서는 아무 일도 없었던 거야, 알겠나?"

숙연하던 분위기가 갑자기 왁자지껄해졌습니다. 그 광경을 지켜보던 수환의 얼굴에도 웃음이 피어올랐습니다. 그러나 흥겨움도 잠시뿐, 이내 수환의 마음은 아쉬움으로 가득 찼습니다.

수환은 고개를 숙이고는 이렇게 중얼거렸습니다.

"하느님, 이들은 제가 진정으로 사랑하는 가족입니다. 이들을 지켜 주소서."

공부하지 않는 유학생

독일의 겨울은 무척이나 매서웠습니다. 코트 깃을 잔뜩 올려도 찬바람을 막아 내기가 쉽지 않았습니다. 수환이 추위에 잔뜩 움츠리고 걷고 있을 때였습니다. 수환을 향해 걸어오고 있던 독일 남자가 갑자기 걸음을 멈춰 서는 게 아니겠습니까? 수환은 무슨 일인가 싶어 고개를 들고 그 남자를 쳐다보았습니다.

"어, 어, 어……."

"무슨 일이라도 있으십니까?"

"아, 아닙니다. 죄송합니다."

남자는 큰 잘못이라도 저지른 듯한 얼굴을 하고는 서둘러 수환

곁을 떠나갔습니다. 수환은 자기도 모르게 입술을 깨물었습니다. 수환은 남자가 왜 그런 이상한 반응을 보이는지를 잘 알고 있었습니다. 며칠 전 버스에 탔을 때도 똑같은 일을 겪었습니다. 아니 그날의 일은 지금보다 훨씬 더 심했습니다. 수환이 버스에 올라타자 나이 지긋한 독일 할머니가 잔뜩 인상을 쓰며 소리를 질렀습니다.

"여기 이상한 사람이 탔어요!"

곁에 있던 젊은 남자가 할머니를 진정시켰습니다.

"이상한 사람이 아니에요. 동양에서 온 사람이에요. 어디에서 오셨습니까? 일본 아니면 중국?"

"아, 한국에서 왔습니다."

"한국? 처음 듣는 나라로군요."

1950년대 독일에서 한국 사람을 만나기란 하늘의 별 따기였습니다. 독일 사람의 눈에 한국 사람의 모습은 너무도 낯설었습니다. 그런 까닭에 수환은 마치 동물원 원숭이 보듯 하는 이상한 시선을 견뎌 내야 했습니다.

안동 본당을 거쳐 대구 대교구장의 비서 신부를 지내다 김천 본당에서 신부 생활을 하던 수환은 1956년 10월, 독일에 도착했습니다. 주임 신부 생활을 하다 보니 부족한 점이 하나둘 눈에 들어

왔습니다. 부족한 점을 메우려면 더 공부하는 방법밖에는 없었습니다. 그래서 과감하게 독일 유학을 결정한 것입니다.

과감하게 결정한 것까지는 좋았는데 낯선 유학 생활이다 보니 해결해야 할 문제가 한둘이 아니었습니다. 혼자 지내다 보니 모든 걸 다 혼자서 해결해야 했습니다. 물론 식사 준비 같은 일도 혼자 알아서 해결해야 했습니다.

부끄러운 이야기이지만 수환은 그때까지 살면서 제 손으로 직접 밥을 해 먹은 적이 없었습니다. 어릴 때는 어머니가 있었고, 신부가 된 후에는 뒷바라지해 주는 분이 있었습니다. 그런 수환이 고국도 아닌 외국에서 자기 힘으로 식사 준비를 한다는 것은 결코 쉬운 일이 아니었습니다. 게다가 독일에 수환의 입에 맞는 음식이 많이 있을 리도 없었습니다.

그러나 궁하면 통하는 법입니다. 수환은 시장을 돌아다니면서 독일 음식 중에서 한국에서 먹던 것과 비슷한 음식들을 찾아냈습니다. '품퍼니켈'이라는 검은 빵과 '신켄'이라는 돼지고기구이, 거기에 간장과 비슷한 '마기 소스'에 날계란을 더하면 제법 먹을 만한 음식이 만들어졌습니다.

'야, 이거 맛이 정말 끝내주는데!'

수환은 자신이 만든 음식에 스스로 감탄했습니다. 수환은 그때

한 가지 사실을 깨달았습니다.

'세상에서 가장 맛있는 밥은 제 손으로 직접 만들어 먹는 밥이구나!'

여태껏 남의 손에만 의존했던 수환이 뒤늦게 깨달은 훌륭한 교훈이었습니다. 식사 문제는 그럭저럭 해결했지만 독일어를 익히는 데에는 상당히 오랜 시간이 걸렸습니다. 독일어에 익숙하지 못한 탓에 큰 실수도 저질렀습니다.

하루는 이런 일도 있었습니다. 다음 날 미사를 진행하기로 되어 있던 수환은 자명종을 7시에 맞춰 놓고 잠자리에 들었습니다. 그런데 아침이 되니 누군가 문을 쾅쾅쾅 두드리는 게 아니겠습니까? 시계를 보니 아직 7시도 안 된 시간이었습니다.

'도대체 누가 아침부터 이렇게 세게 문을 두드리는 거지?'

수환은 눈을 비비며 문을 열다 깜짝 놀랐습니다. 수녀님이 잔뜩 화가 난 표정으로 서 있었기 때문입니다.

"수환, 아직까지 자고 있으면 어떻게 합니까? 미사가 6시 30분에 시작한다는 이야기 못 들었어요?"

수환은 그제야 자신이 실수를 저질렀다는 것을 깨달았습니다. 독일어가 서툴러 6시 30분을 7시 30분으로 잘못 알아들은 것입니다. 혈기왕성한 수녀님은 단단히 화가 났는지 수환의 방 앞에서 한참 동안 소리를 지른 후에야 씩씩거리며 자신의 방으로 돌아갔습니다. 그동안에 수환은 죄 지은 학생처럼 어깨를 움츠리고 있을 수밖에 없었습니다.

 아무리 힘든 생활도 시간이 지나면 적응되기 마련입니다. 수환은 잠잘 시간도 아껴 가며 열심히 공부했습니다. 처음에는 수업 시간에 교수님의 말을 한 마디도 알아들을 수 없었지만, 나중에는 질문도 하고, 토론도 할 수 있을 정도가 되었습니다. 수환은 공부하는 게 무척이나 즐거웠습니다.
 '이대로 공부하면 몇 년 지나지 않아 학위를 받을 수 있겠어.'
 그러나 그 즈음 수환이 전혀 예상하지 못한 일들이 연달아 일어났습니다. 덕분에 수환은 한동안 손에서 책을 완전히 놓아야만 했습니다.
 대구 교구 서정길 주교님이 독일 천주교회의 초청을 받아 독일을 방문하게 되었습니다. 비행기에서 감기에 걸린 서정길 주교님의 상태는 독일에 도착했을 때에는 몸을 가누지 못할 정도로 악화되어 있었습니다. 결국 서정길 주교님은 모든 일정을 중단한 채 독일의 요양원에 입원하게 되었습니다. 그 소식을 들은 수환은 가만히 있을 수 없었습니다. 대구 교구의 일이니 자신의 일이나 마찬가지인 셈입니다.

수환은 고민 끝에 공부를 잠시 중단하고 주교님 곁으로 가 시중을 들었습니다. 처음에는 '길어야 한두 달이면 되겠지.' 하고 생각했지만 그게 아니었습니다.

4개월 동안 병원에 입원해 있던 주교님은 2년이 지난 뒤에야 완전히 병이 나아 한국으로 돌아갔습니다. 그동안 수환은 비서처럼 거의 내내 주교님 곁을 지키다시피 했습니다. 주교님을 배웅하고 돌아오던 날 수환은 주교님과 보냈던 2년간을 되돌아보며 이렇게 혼잣말을 했습니다.

"나는 아무래도 차분하게 앉아서 공부할 팔자는 아닌가 보다."

그 말을 할 때만 해도 수환은 앞으로 자신에게 어떤 일이 닥칠지 전혀 예상하지 못했습니다. 주교님도 한국으로 돌아가셨으니 수환은 앞으로는 그토록 원하던 공부에만 전념할 수 있으리라고 생각했을 것입니다. 그렇지만 상황은 그와는 반대로 돌아갔습니다.

처음 유학을 왔을 때에는 가뭄에 콩 나듯 보기 드물던 한국 사람들이 어느 때부터인가 부쩍 늘어났습니다.

당시 독일은 경제가 발달하면서 어려운 일을 기피하는 분위기가 사회 전체에 퍼졌습니다. 그러다 보니 일이 험하고 힘들기로 손꼽히는 간호사와 광부가 무척이나 부족한 형편이었습니다. 부족한 간호사와 광부를 한국에서 데려오는 바람에 한국 사람들의 숫자가 크게 늘어난 것입니다.

그뿐이 아니었습니다. 독일의 수녀회에서는 한국의 수녀들을 데려왔고, 독일인 가정에 입양시키려고 한국인 고아들까지 데려왔습니다. 하루아침에 고향을 떠나 모든 것이 낯선 독일로 왔으니 그들의 마음이 어떻겠습니까? 가시방석에 앉은 기분이 아니었을까요?

어디서 소식을 들었는지 수환을 찾는 전화가 하루에도 몇 통씩 걸려오기 시작했습니다.

"김수환 신부님이시지요? 저 죄송하지만 좀 도와주셨으면 해서……."

"아, 예. 물론 도와드려야지요. 어디로 가면 될까요?"

"아, 정말 고맙습니다."

사람들은 이미 독일에 몇 년이나 있었던 데다 신부이니만큼 수환에게서 도움을 받을 수 있을 거라고 생각했습니다. 그들의 생각이 맞았습니다.

수환의 성격상 도움을 청하는 사람들을 도저히 외면할 수 없었습니다. 그 덕분에 수환의 하루는 너무도 바빴습니다. 수환의 하루 일과는 공부 대신 다른 일들로 가득 차 버렸습니다.

> 아침 10시 : 입양 되었다 돌려보내진 고아 문제를 해결.
>
> 오후 1시 : 외국인 상사와 갈등을 겪는 간호사 면담.
>
> 오후 3시 : 처음 독일에 도착한 사람들에게 독일 생활을 안내.
>
> 오후 7시 : 피곤에 찌든 광부들의 어려운 상담.
>
> 오후 9시 : 한국인 연합회 회원들에게 미사 집행.

남을 돕기 좋아하는 수환이었지만 혼자서 여러 사람을 돕다 보니 너무 바빠 몸이 둘이라도 부족한 형편이었습니다. 수환은 길에서 우연히 만난 독일 신부님에게 대놓고 볼멘소리를 하기도 했습니다.

"아휴, 저는 요즈음 공부할 틈도 없습니다. 대책도 없이 한국에서 저렇게 많은 사람들을 데려오면 어떻게 합니까?"

그렇지만 그런 투정은 잠시 잠깐뿐이었습니다. 누군가가 "김수환 신부님" 하고 부르면 수환은 할 일을 제쳐 두고 그 사람을 도우러 갔습니다. 이제 김수환 신부는 독일에 도착한 한국 사람이라면 누구나 찾는 유명 인사가 되었습니다.

덕분에 수환의 공부는 계속해서 뒷전으로 밀려났습니다. 한국의 가족 제도에 대해 쓰려던 박사 논문은 아예 손도 못 대는 형편이었습니다. 수환은 고민에 고민을 거듭했습니다. 독일에 유학 온 것은 더 많은 것을 배워 사람들 앞에 제대로 서기 위해서였습니다. 그런데 지금은 공부도 제대로 못하고, 그렇다고 사람들 돕는 일에 온 힘을 다하는 것도 아니었습니다. 둘 중에서 어떤 쪽을 택할지 결정을 내려야 할 때가 된 것입니다.

'박사가 되는 것도 중요하지만 내게는 사람들을 위해 일하는 게 더 중요해.'

마음을 굳힌 수환은 지도 교수를 찾아갔습니다.

"교수님, 공부를 그만두고 한국으로 돌아가겠습니다."

"수환 군, 조금만 더 견디어 보게."

"아닙니다. 공부가 재미있기는 하지만 제가 할 일은 아닌 것 같습니다. 역시 저는 현장에서 사람들을 만나고 그들을 돕는 게 적성에 맞습니다."

"그렇다면 할 수 없군. 부디 고국에서도 능력을 최대한 발휘하며 살노독 하게."

수환은 1963년 11월, 그러니까 한국을 떠난 지 7년 만에 다시 한국으로 돌아가는 비행기에 올랐습니다. 이후 수환의 인생에서 다시 학교에 다니며 공부할 기회는 찾아오지 않았습니다.

그렇지만 수환은 독일에 있는 동안 많은 것을 배웠습니다. 가장 큰 깨달음은 교회와 세상이 따로 떨어져 있지 않다는 사실이었습니다. 광부와 간호사, 입양아들은 틈만 나면 수환을 찾았습니다. 그들이 교회를 다녔기 때문이 아니었습니다. 그들에게 수환이 필요했기 때문입니다.

'신부는 교회에 다니는 사람들만 돌보는 사람은 아니야. 어렵고 힘든 처지에 있는 모든 사람을 위해 일하는 사람이 바로 신부라고!'

이러한 깨달음은 수환이 한국에 돌아와 할 일을 정하는 데 큰 도움을 주게 됩니다.

누구 죄가 더 클까?

수환은 교도소 안에 있습니다. 수환이 무슨 큰 죄를 지었냐고요? 아닙니다. 수환도 가끔씩 잘못을 저지르기는 하지만 다른 사람에게 커다란 해를 끼치는 법은 없습니다. 수환이 교도소 안으로 들어온 까닭은 바로 재소자들을 만나기 위해서였습니다.

독일에서 광부와 간호사, 입양아 들을 도우며 크나큰 보람을 맛보았던 수환은 한국에 돌아와서도 그와 같은 일을 하고 싶었습니다. 온 정성을 다해 사람들을 돌보고, 그들의 불편을 덜어 주는 데 손을 내밀고 싶었던 것입니다.

'본당 신부가 되면 예전보다 훨씬 더 열심히 일해야지. 어려운 이들이 늘 내 손길을 기다린다는 걸 잊지 말아야 해.'

수환은 돌아오면 자신이 당연히 예전처럼 본당 신부가 될 줄 알았습니다. 그런데 교구장님은 수환에게 생각지도 못한 일을 맡겼습니다.

"가톨릭시보사(요즘의 가톨릭신문)를 맡아 주게나."

가톨릭시보사의 사장이라니, 수환으로서는 생각도 못한 일이었습니다. 사람들과 만나는 현장이 아닌, 언론사에서 일하게 된 것입니다. 수환은 조금 실망했지만 이내 마음을 추슬렀습니다.

신도들을 직접 만나고 어려운 사람들을 돕는 일은 아니었지만, 천주교의 정신을 신문을 통해 사람들에게 알리는 것도 의미 있는 일이었습니다. 더군다나 가톨릭시보는 독일 유학 시절 즐겨 읽던 신문이기도 했습니다.

무엇이든 맡은 일에 최선을 다하는 것이 수환의 장점이었습니다. 그런 수환의 장점은 가톨릭시보사에서도 유감없이 발휘되었습니다.

그런데 막상 출근을 해 보니 가톨릭시보사는 말이 신문사였지 신문사라 부르기 힘들 만큼 열악한 상황이었습니다. 무엇보다 운영이 엉망인 터라 열 명도 안 되는 기자와 직원들의 월급조차 챙겨 주기 힘든 형편이었습니다. 이래서야 직원들이 열심히 일할 마음을 가질 리 없었습니다. 수환은 문제를 해결하려고 발 벗고 나섰습니다. 수환은 직원들을 모아 놓고 이렇게 말했습니다.

"시보사 사정이 나아질 때까지 저는 봉급을 한 푼도 받지 않겠습니다. 또한 시보사를 위해서는 어떤 일도 마다하지 않겠습니다."

사장이 봉급을 받지 않겠다고 선언하자 직원들은 깜짝 놀라는 눈치였습니다. 수환은 가장 궂은일부터 해 나가기로 했습니다. 바로 신문 구독료를 받으러 다니는 일이었습니다.

사장이 수금에 나서니 웃지 못할 사건도 여러 차례 겪었습니다. 신부님을 만나러 왔다고 하면 성당을 관리하는 분들은 수환을 위아래로 훑어보았습니다. 수환이 독일식 신부복을 입은 탓에 설마 신부라고는 생각하지 못했기 때문입니다.

"어떻게 오셨습니까?"

"신부님을 좀 만나러 왔습니다."

"무슨 일인데요? 신부님은 무척 바쁘신 분입니다. 하실 말씀이 있으면 저한테 하세요."

"아, 그게 아니라…… 그러니까 가톨릭시보를……."

"신문 구독하라고 온 사람이로구먼. 지금 바쁘니까 어서 나가세요."

"그게 아니라…….."

"이 사람이 참. 그만 가라니까."

그러다가 수환이 신부이고, 가톨릭시보사 사장인 것을 알게 되면 적잖이 놀라고 당황해하면서 수금을 해 주곤 했습니다.

이렇듯 수환이 온갖 정성을 기울인 덕분에 시보사 사정은 조금씩 나아지기 시작했습니다. 수환은 신문 기사의 성격도 상당히 많이 바꾸었습니다. 수환은 가톨릭시보가 가톨릭 신자만을 위한 신문이 아니라 '세상을 위한 교회' 역할을 하는 데 도움을 주어야 한다고 생각했습니다.

가톨릭 신문이라고 가톨릭 이야기만 실어서는 세상을 위한 역할을 다할 수 없다고 생각했습니다. 수환은 이어령 씨 같은 유명인에게 부탁해 가톨릭을 비판하는 기사도 실었고, 사설을 통해서는 사회에서 논란이 되고 있는 사건들을 신부의 눈으로 바라본 글도 썼습니다.

하지만 가장 중요하게 생각한 것은 도움이 필요한 사람들에 대한 관심을 불러일으키는 기사를 쓰는 일이었습니다.

보람찬 일이었지만 가톨릭시보사에서 일하는 것만으로는 사람들을 돕고 싶은 갈증을 다 풀 수 없었습니다. 수환은 남는 시간을 활용하기로 마음먹고, 자신이 도움을 줄 만한 곳을 찾았습니다. 그중 한 곳이 교도소였고, 또 하나는 희망원이라는 시설이었습니다.

　재소자 하면 가장 먼저 무엇이 떠오르나요? 사람들 대부분은 죄수들의 무서운 얼굴을 떠올릴 것입니다. 무거운 죄를 짓고 교도소에 갇혔으니 얼굴도 보통 사람들과 달리 무척이나 험상궂으리라 짐작할 테지요. 그들이 쓰는 말투나 행동도 보통 사람들과는 다르리라 여길 테고요. 교도소를 방문해 재소자들을 만나기 전까지 수환의 생각도 그랬습니다. 괜히 교도소를 택했다며 후회하는 마음도 슬며시 머리를 들었습니다.
　'이유도 없이 교도소에 갇혀 있겠어? 잘못이 많으니 죗값을 치루는 게지.'
　처음에는 그런 지레짐작이 맞는 것 같았습니다. 과연 재소자들 중에는 눈빛이 날카롭고 몸집이 큰 사람들이 많았습니다. 그러나 수환은 재소자를 위해 미사를 집전하고 고해 성사를 들어주면서 자신의 지레짐작이 완전히 잘못된 것임을 깨닫게 되었습니다.
　수환이 처음 미사를 집전했을 때의 일이었습니다. 수환은 예수님이 사람들을 위해 어떤 일을 하셨는지를 제일 먼저 알려 주어야겠다고 생각했습니다.

"우리 죄를 없애려고 십자가에 못 박혀 돌아가시고 묻히셨으며…… . 예수님은 교회에 다니는 사람만을 위해 이 세상에 온 것이 아닙니다. 자기가 지은 잘못 때문에 괴로워하는 사람 모두를 위해 이 세상에 왔습니다."

수환은 재소자들이 이 구절을 통해 자신이 지은 죄를 다시 생각하고 예수님을 통해 용서를 얻기를 바랐습니다. 하지만 한편으로는 재소자들이 과연 죄와 용서를 생각이나 하고 있을지 의심하는 마음도 들었습니다.

그런데 이 구절을 읽자마자 여기저기서 눈물이 터져 나오는 것이 아니겠습니까. 사실 수환은 하도 많이 읽고 밀한 구절이라 아무런 느낌도 없었습니다. 수환은 이런 모습에 큰 충격을 받았습니다.

'이들이야말로 하느님의 말씀을 자신의 전부로 받아들이고 있구나. 그에 비하면 나는…….'

놀란 것은 그뿐만이 아니었습니다. 고해 성사를 할 때면 재소자들은 자기의 작은 죄까지 낱낱이 고백하느라 시간이 모자랄 정도였습니다.

"신부님, 오늘도 어머니는 제 걱정을 하시느라 잠을 못 주무실 겁니다. 이 죄를 어찌하면 좋습니까?"

"다른 이들에 대한 미움을 버릴 수가 없습니다. 저의 죄를 용서해 주십시오."

수환은 그들의 고백을 들으면서 오히려 자신이 위안 받고 있음을 느꼈습니다. 또한 스스로에 대해 이렇게 묻는 자신을 발견하게 되었습니다.

'수환아, 너는 이들에 비해 정녕 죄가 작다고 자신 있게 말할 수 있느냐?'

수환은 속으로 고개를 가로저었습니다. 교도소에 갇힐 만큼 눈에 띄는 죄를 짓지는 않았지만 하루에도 수십 차례 자신이 한 행동을 후회하고 자책하는 수환입니다. 생각하면 생각할수록 수환은 이들에 비해 나을 것이 하나 없었습니다.

'교도소 밖에 있어야 할 사람은 이들이고, 내가 오히려 교도소 안에 있어야 마땅한 게 아닌가?'

재소자들을 만날 때마다 그런 생각을 하면서 수환은 자신의 삶을 돌아보게 되었습니다. 재소자들은 수환에게 오히려 스승 같은 존재였습니다. 수환은 이들에게 사랑을 베풀려고 교도소에 왔지만 오히려 깨달음을 얻게 된 것입니다.

수환이 찾는 또 다른 장소인 희망원은 집이 없는 병자와 장애인들이 지내는 시설이었습니다. 그곳에는 무려 천 명 가까이 머물고 있었는데, 시설이 너무도 열악해 희망원이 아니라 차라리 절망원이라 불러야 할 정도였습니다.

처음 이들을 보았을 때 수환은 그만 눈을 감고 말았습니다. 수환이 생각했던 것보다 몇 배는 더 비참한 일들이 희망원에서 벌어지고 있었기 때문입니다. 수환은 짧은 기도를 통해 간신히 마음을 다잡았습니다.

'하느님이 날 이곳에 보내신 이유를 알겠군. 자, 절망하지 말고 내가 할 수 있는 일부터 시작해 보자. 나머지는 하느님이 알아서 하실 테니까.'

수환은 자신이 할 수 있는 일들을 찾아 나섰습니다. 사람들의 말벗이 되어 주고, 목욕을 시켜 주었습니다. 사람들을 만날 기회가 있을 때마다 '희망원이라는 곳이 있습니다. 도움이 많이 필요한 곳이지요. 여러분의 작은 정성이 그들에게 큰 희망이 됩니다.'라는 부탁을 빼놓지 않았습니다. 기부금을 모아 희망원에 전달하는가 하면, 수녀회와 연결해 자원봉사자들이 희망원을 방문하도록 했습니다.

수환의 노력은 조금씩 결실을 맺었습니다. 처음에는 무표정하기만 했던 사람들이 수환을 보면 웃음을 지어 보이고, 때로는 두 손을 뻗어 안아 주기도 했습니다. 희망원에 비로소 작은 희망이

싹트기 시작한 것입니다.

이 즈음 수환은 놀랄 만한 사건 하나를 경험했습니다. 그 사건은 수환이 지금껏 지녔던 생각을 바꾸게 만든 큰 사건이었습니다.

재소자들 중에 최월갑이라는 사람이 있었습니다. 아직 서른도 되지 않은 최월갑은 사람을 죽인 죄로 교도소에 들어와 죽을 날만 기다리는 사형수였습니다. 수환이 집전하는 미사 시간마다 빠지지 않고 참석하던 최월갑은 죽기 직전 수환에게 세례(천주교에서 그동안 지은 모든 죄를 하느님께 용서받고, 천주교인이 되었음을 인정받는 의식)를 받았습니다.

수환은 이제는 죄에서 깨끗해진 젊은이가 목숨을 잃어야 한다는 사실이 너무도 가슴 아팠습니다. 수환은 사형식 날 마지막으로 성경 구절을 읽어 주었습니다. 수환은 최월갑의 손을 꼭 잡아 주고는 밖으로 나왔습니다.

잠시 후 '쿵' 하는 소리가 들렸습니다. 수환은 자신도 모르게 고개를 떨어뜨렸습니다.

'월갑이가 이 세상을 떠났구나.'

그런데 잠시 후 간수가 쿵쾅거리며 뛰어오더니 수환과 함께 있던 소장에게 떨리는 목소리로 말했습니다.

"소장님, 월갑이가 아직 안 죽었어요. 밧줄을 지탱하던 나무가

부러져 버리는 바람에…….."

"아니 뭐, 뭐라고? 어떻게 그런 일이……. 다른 교수대를 준비하게나."

"알겠습니다."

옆에서 이야기를 듣고 있던 수환의 마음은 너무도 아팠습니다. 교수대가 잘못된 바람에 최월갑은 두 번이나 교수대에 매달리게 된 것입니다.

'쯧쯧, 지금쯤 얼마나 아파할까?'

수환은 최월갑을 위로해 주려고 다시 그의 곁으로 갔습니다. 그런데 최월갑은 슬퍼하기는커녕 웃음을 짓고 있었습니다. 수환은 아무 말도 못하고 최월갑의 손만 다시 한 번 꽉 잡았을 뿐입니다. 그런데 그 순간 최월갑이 수환에게 이렇게 말했습니다.

"저는 괜찮으니까 너무 염려하지 마세요. 지금 죽는 것은 복된 죽음입니다. 믿음이 있는 사람이라면 누구나 제 말을 이해할 수 있을 겁니다."

그 순간 수환은 깨달았습니다. 수환은 지금껏 자신이 재소자들에게 은혜를 베푼다고 생각해 왔습니다. 그러나 그것은 사실이 아니었습니다. 수환은 재소자들과의 만남을 통해 오히려 진정한 믿음과 죽음에 대한 자세를 배웠던 것입니다. 최월갑은 두 번 죽으면서도 두려워하기는커녕 굳건한 믿음을 보여 주었습니다.

어떤 의미에서 최월갑은 수환보다 훨씬 더 자유로운 사람이었습니다. 자유는 육체에 달린 것이 아니라 영혼에 달린 것이기 때문입니다. 수환은 온 정성을 다해 최월갑의 장례 미사를 치러 주었습니다. 그리고 최월갑의 유언대로 그의 유골을 교회 묘지에 묻어 주었습니다. 수환은 그의 영혼이 천국에 가 있기를 간절히 기도했습니다. 그런데 교도소며 희망원을 방문하는 횟수가 늘어 갈수록 수환의 마음에는 고민도 커져 갔습니다.

'이 사람들은 도움의 손길이 간절히 필요한데도 나는 머뭇거리기만 하고 있어. 가끔씩 방문하는 걸로 그칠 게 아니라 이들과 먹고 자고 똑같이 살아야 맞는 것이 아닌가?'

수환다운 진지한 고민이었습니다. 수환은 자기가 가야 할 길을 알려 달라고 매일 밤 기도했습니다. 주위 사람들에게 희망원 같은 곳에서 일하면서 재소자들을 정기적으로 만나고 싶다는 마음을 털어놓기도 했습니다. 그런데 뜻밖에도 반대하는 사람들이 많았습니다.

"수환이, 자네가 할 일은 그 일이 아니야."
"유학까지 다녀왔으니 더 넓은 곳에서 일해야 하네."

그럴수록 수환의 마음은 희망원으로 기울어 갔습니다. 수환은 기도하는 나날 속에서 희망원 사람들과 함께할 준비를 했습니다. 재소자들을 위한 새로운 선교 방법도 끊임없이 고민했습니다. 그러나 수환에게 준비된 길은 수환이 기대했던 것과는 조금 다른 길이었습니다.

수환은 뜻밖에도 새로 생긴 마산 교구의 교구장으로 임명되었습니다. 수환은 새로운 직분을 받아 들고 한참을 고민했습니다. 이때 답을 준 것은 바로 성경 말씀이었습니다.

"네 고향과 친척과 아버지의 집을 떠나 내가 장차 보여 줄 땅으로 가거라."

수환은 자신에게 주어진 일을 겸허히 받아들이기로 했습니다. 이제 수환은 교구장으로서 일하게 될 것입니다. 새 교구장의 마음속을 가득 채운 것은 재소자들, 그리고 희망원 사람들에게서 받은 깨달음이었습니다.

'나는 그들보다 훨씬 죄 많은 사람이다. 하느님의 이끄심으로 신부가 되고 교구장이 되었을 뿐이다. 그러니 이제 내가 할 일은 부끄럼 없이 열심히 새 직분을 수행하는 것이다.'

수환은 다시 한번 하느님께 감사 기도를 드렸습니다. 재소자들, 그리고 희망원 사람들은 하느님께서 수환에게 보내 주신 천사였습니다.

"저는 정말 바보입니다.
과분한 사랑을 받기만 했는데도 지금까지 늘 주고 살았다고
생각했으니 말입니다. 모두 정말 고맙습니다!"

3장
평화의 징검다리

대통령과의 면담

"추기경님, 원주 교구청에서 추기경님을 찾는 전화가 걸려 왔습니다."

그 말을 들은 수환은 속으로 침을 꿀꺽 삼켰습니다.

'드디어 올 것이 왔구나.'

수환은 마음을 숨기려 아무렇지 않은 듯한 표정을 지었습니다. 수환이 걱정하는 모습을 보이면 다른 이들의 마음 또한 무척 불안해질 것입니다.

"여보세요."

"추기경님, 원주 교구장이신 지학순 주교님이 불법 단체에 돈을 댔다는 혐의를 받고 있습니다. 오늘 귀국하실 예정인데 어떻게 해야 할까요?"

"일단은 공항에 나가도록 하십시오. 저도 사람을 공항에 보내겠습니다."

수환은 전화를 끊은 뒤에도 한동안 그 자리에 그대로 멈춰 서 있었습니다. 지학순 주교와는 함께 성신대학(가톨릭신학교)을 다녔던 터라 수환은 그의 사람 됨됨이를 잘 알고 있었습니다. 정의감이 남다른 사람이라 불법적인 일을 저지를 까닭이 없었습니다.

'어쩌다 지학순 주교처럼 깨끗한 사람이 의심을 받는 시대가 되었을까?'

수환은 사무실로 돌아온 뒤에도 충격에서 벗어나지 못했습니다. 수환은 어떻게 하면 좋을까를 곰곰 생각했습니다. 일이 돌아가는 것으로 보아 수환이 나서지 않고서는 잘 해결될 수가 없었습니다. 그사이 수환은 우리나라 천주교를 대표하는 인물이 되어 있었기 때문입니다.

1968년 5월, 수환은 마흔일곱 살의 나이에 서울 대교구장의 자리에 올랐습니다. 1년 뒤인 1969년 4월 28일에는 아시아에서 다섯 번째로 추기경에 임명되었습니다.

추기경은 교황을 빼고는 천주교회에서 가장 높은 지위에 있는 사람입니다. 추기경에게는 교황을 뽑을 수 있는 권한이 있으며, 세계 천주교회의 중요한 안건들을 논의할 수 있는 자격이 있습니다. 천주교회에서 중요하고도 막대한 임무를 맡고 있는 사람인 것입니다.

서울 대교구장과 추기경이라는 자리는 주교가 된 지 겨우 2년, 3년 만에 얻은 자리였습니다. 게다가 세계에서 가장 젊은 추기경이었습니다. 그러니 수환이 추기경이 된 것을 두고 사람들이 큰일이라도 생긴 것처럼 깜짝 놀라고, 수환을 대단한 사람인 양 치켜세우는 것은 너무도 당연했습니다.

그러나 수환에게 있어 그 자리는 사람들과 세상을 위해 더 많은 일을 하라는 하느님의 명령 그 이상은 아니었습니다. 개인적인 명예니 권력이니 하는 것은 하나도 중요하지 않았습니다. 수환은 그 사실을 잘 알고 있었습니다.

서울 대교구장에 오르는 취임식에서 수환이 다음과 같이 말한 것도 자신에게 맡겨진 임무를 충분히 깨닫고 있었기 때문이었습니다.

"이 짐이 얼마나 무거우며, 또 그것이 우리 교회를 위해 어떤 뜻을 지니고 있는지를 잘 알고 있습니다. 이제 교회는 모든 것을 바쳐 사회에 봉사하는 '세상 속 교회'가 되어야 합니다."

수환이 서울 대교구장이 되고 추기경이 된 시기는 우리나라 역사에 있어 매우 어둡고 힘든 시기였습니다. 박정희 대통령은 원래 군인이었다가 무력으로 정권을 빼앗아 대통령이 된 사람입니다. 대통령은 경제를 발전시킬 계획을 세우고 고속 도로를 건설하는 등 우리나라가 가난에서 벗어날 수 있도록 애를 썼습니다.

그렇지만 문제도 많았습니다. 박정희 대통령은 군인 출신답게 힘으로 사람들을 누르려 하고, 자기에게 반대하는 사람들을 함부로 다루었습니다. 사람들은 대통령에 대해 걱정스러운 목소리를 쏟아 냈습니다.

"경제 발전만 중요하고 사람들의 자유는 중요하지 않습니까? 시위도 못하고, 머리도 길게 기를 수 없고, 밤 12시가 되면 돌아다니지도 못합니다. 자유 국가에서 이러한 조치가 말이나 됩니까?"

"경제 발전을 위해 국가가 기업을 후원하는 것은 좋습니다. 하지만 기업에서 일하는 사람들도 생각해 주셨으면 합니다. 퇴근 시간을 넘겨서 일하는 것이 일주일에 서너 번은 됩니다. 그런데도 월급은 너무도 적습니다."

"대통령에 반대하는 사람들을 재판도 없이 감옥에 넣는다는 소문이 있습니다. 이래서야 좋은 나라라고 할 수 있겠습니까?"

그러나 이 모든 목소리에 대해 대통령은 이렇게 말할 뿐이었습니다.

"우리나라가 선진국입니까? 먹고사는 문제도 해결이 안 되었는데 부자들과 똑같이 편한 것만 바라다니 참……. 지금은 부자 나라를 만드는 데 온 힘을 기울여야 합니다. 불편함이 있더라도 조금만 참도록 합시다."

대통령은 조금만 참으라고 했지만 그걸 믿는 사람들은 별로 없었습니다. 박정희 대통령은 한술 더 떠 유신 헌법이라는 것을 발표했습니다. 다른 사람이 대통령이 되는 길을 막아 버리고, 박정희 대통령 자신이 원할 때까지 대통령을 할 수 있게 한 아주 이상한 헌법이었습니다.

젊은 학생들이 가장 먼저 대통령에 반대하고 나섰습니다. 젊은 신부들도 학생들을 지지한다는 의견을 속속 밝혔습니다. 지학순 주교 사건도 그 일과 관련해서 일어난 것이었습니다.

당사자인 지학순 주교는 자신에게 어떤 일이 벌어지고 있는지도 모를 게 분명했습니다. 수환은 초조하게 심부름 보낸 신부가 돌아오기를 기다렸습니다. 수환의 좋지 않은 예감이 딱 들어맞았습니다. 사무 신부는 예정된 시간보다 훨씬 늦게 돌아왔습니다.

"추기경님, 지학순 주교님이 어디 있는지 도무지 알 수가 없습니다."

"그게 무슨 소리인가? 비행기에서 내리는 것을 보지 못했나?"

"비행기에서 내리는 것까지는 본 사람이 있습니다. 그런데 그 뒤로 어디론가 사라졌다고 합니다."

수환은 경찰 혹은 정보기관에서 체포해 간 것이 틀림없다고 결론을 내렸습니다. 수환은 여기저기에 전화를 해 보았습니다. 그러나 지학순 주교가 어디로 갔는지 아는 사람은 아무도 없었습니다. 수환은 전화기를 내려놓고 눈을 감았습니다.

'보통 사람도 아니고 천주교 주교 자리에 있는 사람이 아무런 소식도 없이 사라지다니. 이 일을 어쩌면 좋단 말인가.'

지학순 주교를 찾아낼 방법이 없으니 남은 방법은 그저 소식이 오기를 기다리는 것뿐이었습니다.

사흘이 지났습니다. 아침 일찍 누군가 수환을 찾아왔습니다. 그 사람은 중앙정보부(박정희 대통령 때에 국가 안전 보장에 관련되는 정보와 보안, 범죄 수사에 관한 사무를 수행하던 기관)의 책임자였습니다. 수환은 말없이 정보부 책임자를 바라보았습니다. 할 말이 있어 왔을 테니 시간 끌지 말고 어서 꺼내 놓으라는 뜻이 담긴 침묵이었습니다. 정보부 책임자는 입술을 지긋이 깨물고는 먼저 입을 열었습니다.

"추기경님, 지학순 주교님은 저희가 모시고 있습니다."

수환은 자기도 모르게 안도의 한숨을 내쉬었습니다. 일단 어디 있는지는 알았으니 천만다행이었습니다. 그러나 중앙정보부는 나라에 큰 죄를 짓거나 반대하는 사람들이 불려 가는 곳이었습니다. 지학순 주교가 중앙정보부에 있다는 것은 그리 좋은 소식이 아니었습니다. 수환은 우선은 지학순 주교를 직접 만나 보기로 했습니다.

수환을 본 지학순 주교는 눈물까지 글썽였습니다.

"내가 불법 단체에 돈을 대 주었다고요? 그런 일 없습니다. 어려운 처지에 있는 젊은이들을 도왔을 뿐입니다. 어려운 이들을 돕는 것은 주교로서 해야 할 당연한 일이 아니겠습니까?"

"알겠습니다. 그러니까 아무런 잘못도 짓지 않았다는 말씀이로군요."

수환이 그렇게 말하자 옆에서 지켜보던 중앙정보부 책임자가 끼어들었습니다.

"아직 조사 중이라 그렇게 단정적으로 말씀하시면……."

"단정적이라니 무슨 말씀이십니까? 지금까지 한 이야기를 듣고도 모르시겠습니까?"

수환이 항의하듯 말하자 중앙정보부 책임자는 당황했습니다. 수환은 계속해서 강한 말들을 토해 냈습니다.

"주교들을 불러 모아 대책을 마련하겠습니다. 천주교를 위협하는 중요한 사건이니까요."

"추기경님, 정 그러시면 대통령을 직접 만나 보는 게 어떻겠습니까?"

"대통령을?"

"예, 어차피 제가 할 수 있는 일은 아무것도 없습니다. 대통령과 만나 이야기를 나누시는 게 유일한 해결책입니다."

너무도 중대한 일이라서 수환 혼자 결정할 수는 없었습니다. 수환은 주교 회의를 열어 다른 주교들의 의견을 물어보았습니다. 찬성과 반대가 정확히 반반이었습니다. 이렇게 되면 주교회의 의장인 수환이 결정을 해야 합니다. 수환은 주교들에게 자신의 입장을 밝혔습니다.

"만나 보겠습니다."

대통령과 만나기로 결정했다는 소식을 전하자, 중앙정보부 책임자가 다시 한 번 수환을 찾아왔습니다. 중앙정보부 책임자는 조심스럽게 입을 열었습니다.

"추기경님, 대통령은 이를테면 환자와 같습니다. 처음부터 딱딱한 음식을 주면 소화시키지 못합니다. 그러니까 죽처럼 부드러운 음식부터 시작해야 하는 겁니다. 추기경님, 제 말뜻 아시겠지요?

제발 부탁이니 대통령과 처음부터 정면으로 맞닥뜨리지 마시고 죽처럼 부드러운 이야기부터 풀어 나가십시오."

수환이 대통령에게도 거침없이 자신의 의견을 드러낼까 봐 겁이 난 모양입니다. 수환은 알았다고 대답했습니다. 대통령의 행동이 마음에 드는 것은 아니었지만 수환이 대통령을 만나는 목적은 어디까지나 지학순 주교를 석방하기 위함이었습니다. 불필요한 다툼으로 일을 복잡하게 만들 생각은 없었습니다.

명동 성당에는 수많은 신부와 수녀들이 모여 있었습니다. 수환은 그들에게 잘 다녀오겠다는 인사를 하고 청와대를 향해 떠났습니다.

대통령은 수환을 반갑게 맞았습니다. 수환으로서는 뜻밖이었습니다. 사실 대통령은 그동안 수환을 탐탁지 않게 여겨 왔습니다. 수환은 기회가 있을 때마다 대통령에 대한 쓴소리를 뱉어 냈습니다. 한번은 생방송 중인 미사에서 대통령에 대한 험한 말을 쏟아내어 대통령을 당황스럽게 만들기도 했으니까요. 대통령은 할 말이 많은 듯 수환이 자리에 앉자마자 이야기를 시작했습니다.

"추기경님, 교회가 자꾸 사회 문제에 대해 이래라저래라 하는 것은 옳지 않습니다. 정치는 정치이고, 종교는 종교 아닙니까?"

대통령은 둘러말할 줄 모르는 사람이었습니다. 자신이 하고 싶은 말을 처음부터 직설적으로 하고 있었습니다. 수환은 잠시 생각한 후 침착하게 대답했습니다.

"교회는 사회에서 빛과 소금의 역할을 해야 합니다. 사회에 문제가 있는데 아무런 말도 하지 않고 침묵한다면 그것은 교회가 제 구실을 못하는 것입니다."

"그건……."

"물론 정부가 펼치는 모든 정책에 대해 이래라저래라 하는 것은 옳지 않습니다. 하지만 사람들이 괴로워하고 슬퍼하는 것을 보고서도 아무 말도 못해서야 제대로 된 교회라고 할 수 있겠습니까?"

대통령은 수환의 이야기를 묵묵히 듣더니 이렇게 말했습니다.

"추기경님 생각은 잘 알겠습니다. 그렇더라도 교회가 기업에서 일하는 사람들의 대우 문제에까지 개입하는 것은 조금 심하지 않습니까? 허리띠를 졸라매고 열심히 일해도 모자랄 판입니다. 그런 마당에 파업을 하고, 노조를 만들고……. 이건 좀 아니지 않습니까?"

"혹시 착한 사마리아 인 이야기를 아십니까?"

"잘 모릅니다."

"사마리아 인은 유대인에게 업신여김을 당하던 이방인이었습니다. 그렇지만 도둑맞고 버려진 사람을 구한 이는 바로 사마리아 인이었습니다. 사제도, 부자도 모른 체하고 지나쳤던 이를 가장 천한 사람이 구한 것입니다. 저는 불쌍하고 의로운 사마리아 인을 모른 체하는 사제가 되고 싶지는 않습니다."

"……."

"저도 노동자들이 무조건 파업하는 것에는 반대입니다. 그렇지만 우리나라 노동자들의 처지도 생각하셔야 합니다. 노동자들은 아까 말씀 드린 사마리아 인이나 마찬가지입니다. 쉬는 시간도 없이 일하는데 받는 돈은 너무도 적습니다. 뿐만 아니라 사장의 마음에 들지 않는 순간에는 그대로 쫓겨나는 것도 각오해야만 합니다. 더 나은 세상을 위해 자신의 몸과 마음을 다 바치는 그들을 강도에게 가진 것을 모두 빼앗긴 사람으로 만드시겠습니까?"

수환의 말을 들은 대통령은 잠시 생각하는 듯한 표정을 지었습니다. 잠시 후 대통령은 많은 말을 쏟아 냈습니다. 대화라기보다는 자기가 하고 싶은 말을 수환에게 쏟아 낸다는 표현이 더 맞을 정도였습니다. 끝없이 말을 뱉어 내던 대통령이 어느 순간 말을 멈추었습니다. 대통령이 하고 싶은 이야기를 어느 정도 마쳤다고 생각한 수환은 마침내 자신이 방문한 목적을 꺼내 들었습니다.

"지학순 주교를 풀어 주십시오."

잠시 생각에 잠겼던 대통령은 이렇게 말했습니다.

"그렇게 간단한 문제는 아닙니다. 지금 지학순 주교를 풀어 주면 사람들은 대통령을 우습게 볼 것입니다."

"그렇지 않습니다. 오히려 결단력 있는 대통령으로 비칠 것입니다."

"그럴까요? 알겠습니다. 추기경님의 말씀을 믿고 오늘 밤에 풀어 드리겠습니다."

대통령이 흔쾌히 수락하자 수환은 한 발짝 더 나아갔습니다.

"그리고 사회를 개혁하려고 시위를 하다 붙잡혀 사형 선고를 받은 젊은이들이 있습니다. 그 젊은이들을 죽여서는 안 됩니다."

수환의 요청에 대통령은 얼굴을 살짝 찡그렸습니다.

"그건 좀 더 생각해 보겠습니다."

"어려운 때일수록 너그러운 모습을 보이시는 게 좋습니다. 그래야 국민들도 진심으로 대통령을 존경할 것입니다."

대통령은 묵묵히 고개를 끄덕였습니다. 그러고는 수환에게 손을 내밀어 악수를 청했습니다. 대통령과의 면담은 그렇게 끝이 났습니다.

지학순 주교는 그날 밤 열 시쯤 석방되었습니다. 수환은 전화

연락을 받고는 직접 중앙정보부로 가 지학순 주교가 석방되는 것을 지켜보았습니다.

대통령은 수환의 또 다른 요청도 들어주었습니다. 며칠 후 국방부 장관의 이름으로 사형 선고를 연기하는 조치가 내려졌습니다. 꽃 같은 젊은이들이 하마터면 죽을 뻔한 위기에서 벗어난 것입니다.

그러나 그동안 수환의 마음은 타들어 갈 대로 타들어 갔습니다. 잠자리에 누워도 제대로 잠을 이루지 못하는 날들이 점점 많아졌습니다.

그때부터 수환은 평생 불면증으로 고생하게 됩니다. 그러나 수환은 그런 병을 얻게 된 것에 대해 누구 탓도 하지 않았습니다.

수환이 가야 하는 길은 다른 이들이 가야 하는 길에 비해 훨씬 더 힘든 길이었습니다. 세상 모든 이들을 도와야 하는 그 길을 가노라면 예상치 못한 암초에 부딪히기 마련입니다. 중요한 것은 표류하지 않고 그 길을 끝까지 가는 것입니다.

그렇게 생각하고 나니 불면증쯤은 아무것도 아닌 것으로 여길 수 있었습니다. 다른 이들이 겪는 극심한 고통에 비하면 불면의 고통은 충분히 이겨 낼 수 있는 고통이었습니다. 수환은 차라리

잘되었다 싶었습니다. 수환은 긴긴 밤을 기도로 지새웠습니다.

"저에게 내려진 임무를 충실히 감당할 힘을 주십시오."

그것이 그 긴 밤들을 보내면서 수환이 수없이 되풀이한 기도의 내용이었습니다.

나를 밟고 지나가라

　1987년 1월 14일 아침, 신문을 펼쳐든 수환은 자기도 모르게 '앗!' 소리를 내고 말았습니다. 정말로 있어서는 안 되는 끔찍한 사건이 일어났기 때문입니다.

　서울대생 박종철 군이 경찰에서 고문을 받다가 세상을 떠난 것입니다. 박종철 군은 시위를 주도했다는 혐의를 받고 체포되었습니다. 경찰은 시위에 가담한 다른 학생들을 알아내려고 박종철 군을 고문했고, 너무도 심한 고문을 견디다 못한 박종철 군이 그만 죽고 만 것입니다.

　사람의 목숨을 빼앗을 정도로 심한 고문을 했다는 내용도 충격

적이었지만, 경찰의 해명은 더욱더 충격적이었습니다

"심문 도중 책상을 '탁' 하고 쳤습니다. 그런데 갑자기 학생이 '억' 소리를 내더니 움직이지 않았습니다. 학생을 살리려고 애썼지만 이미 늦었습니다."

그런 어처구니없는 설명을 곧이곧대로 믿는 사람은 아무도 없었습니다. 당시는 박정희 대통령이 세상을 떠나고, 육군 장군 출신의 전두환이 대통령으로 있을 때였습니다.

비록 대통령은 바뀌었지만 세상은 조금도 달라지지 않았습니다. 군인 출신인 전두환 또한 힘으로 국민을 다스리려 했습니다. 그러다 보니 여기저기서 크고 작은 충돌이 자꾸만 일어났습니다.

이 같은 분위기 속에서 박종철 군 고문 사건에 국민들은 거세게 반발했습니다. 전국 곳곳에서 진실을 밝힐 것을 요구하는 시위가 일어났습니다. 시위대를 보면서 수환은 깊은 생각에 잠겼습니다.

'하느님은 사람을 자신의 모습대로 만드시고 넘치는 사랑을 베푸셨어. 그런 소중한 사람을 고문하다 죽게 만들다니, 이건 정말로 용서할 수 없는 일이야.'

수환은 사건이 일어난 지 십여 일이 지난 1월 26일 박종철 군을 기리는 미사를 집전했습니다. 미사를 통해 수환은 강한 어조로 정부를 비판했습니다.

"성경에 보면 카인과 아벨의 이야기가 나옵니다. 카인은 자기 동생을 죽였습니다. 막상 죽이고 나니 두려워졌는지 사람들이 찾지 못할 곳에 숨어 버렸습니다. 그러자 하느님은 카인에게 이렇게 묻습니다. '카인아, 아벨은 지금 어디 있느냐?' 하느님은 지금 이 나라 정부에 이렇게 묻고 있습니다. '네 아들, 네 제자, 네 국민은, 그리고 박종철 군은 지금 어디 있느냐?'"

 수환의 비판은 사람들의 가슴을 더욱 뜨겁게 만들었습니다. 전국 곳곳에서 시위가 연이어 일어났습니다. 정부는 경찰력을 총동원해 시위를 막으려 했지만 한번 타오른 불씨는 쉽게 꺼지지 않았습니다.

 조급해진 경찰은 시민들을 무조건 검문하기 시작했습니다. 수환에게도 그러한 조치는 예외 없이 적용되었습니다. 어느 날 외출을 했다가 명동 성당으로 돌아오던 길이었습니다. 성당 정문을 지키던 경찰이 수환에게 신분증을 요구했습니다.

 "신분증을 보여 주십시오."

 "나 김수환입니다."

 "죄송합니다. 위에서 시킨 일이라……."

 수환은 하는 수 없이 신분증을 꺼내 보여 주어야만 했습니다. 자기 집으로 돌아오는데도 신분증을 보여 줘야 하는 웃지 못할 일이 일어난 것입니다.

얼마 후 김승훈 신부가 박종철 군의 죽음에 대한 진실을 밝히는 글을 발표했습니다.

"박종철 군은 물고문을 당하다 죽었습니다."

물속에 넣어 숨을 제대로 못 쉬게 하는 고문을 당하다가 박종철 군이 죽은 것입니다. 정말로 무섭고 끔찍한 일이었습니다.

여기에 더해 6월 10일에는 노태우 후보가 다음 대통령 후보로 뽑혔습니다. 당시에는 지금처럼 대통령을 국민의 손으로 직접 뽑지 않고, 대통령이 임명한 사람들이 모여서 뽑았습니다. 그것은 곧 노태우 후보가 다음 대통령으로 뽑힐 것이라는 의미였습니다. 대통령이 임명한 사람들이 대통령의 뜻에 반대할 까닭은 없었습니다.

노태우 후보는 전두환 대통령의 군대 동기입니다. 나라를 위해 열심히 일할 수 있는 능력 있는 사람을 뽑은 게 아니라, 자신의 친구를 대통령으로 선택한 것입니다. 그야말로 국민들을 조롱하는 일이었습니다.

그날 서울에서는 그해 들어 가장 격렬한 시위가 일어났습니다. 시위는 밤늦게까지 계속되었습니다. 그런데 이 시위는 뜻밖에도 수환과 관련을 맺게 됩니다.

시위를 하던 학생들은 점차 경찰에 떠밀리기 시작했습니다. 경찰이 턱밑까지 추격해 오자, 다급해진 학생들은 수환이 살고 있는 명동 성당에까지 들어왔습니다. 경찰은 성당 입구까지 따라왔지만 차마 성당 안까지는 들어오지 못했습니다. 경찰은 성당 밖에서 최루탄을 쏘며 학생들을 해산시키려 했습니다.

학생들은 이에 맞서 돌을 던지며 버텼습니다. 그래도 안 되자 각목을 휘두르고 화염병까지 던지기 시작했습니다.

그 광경을 지켜보는 수환의 마음은 착잡했습니다. 성스러운 공간이어야 할 성당이 싸움터가 되어 버리고 만 것입니다. 수환은 성당 마당으로 나갔습니다. 최루탄 때문에 눈물이 주르르 흘렀습니다. 고통스러웠지만 그 고통은 박종철 군이 겪었을 고통과 두려움에 비하면 아무것도 아니었습니다.

그렇게 이틀이 지났습니다. 학생과 경찰, 모두가 지쳐 있었습니다. 사람이 지치면 무리한 행동을 하게 됩니다. 바로 수환이 중재에 나설 때였습니다. 수환은 먼저 학생들 앞에 섰습니다.

"불의에 맞서는 여러분의 마음에 대해서는 깊이 공감합니다. 그렇지만 폭력은 안 됩니다. 폭력은 폭력을 낳을 뿐입니다. 여러분 손에 들린 각목과 화염병을 버리십시오. 폭력이 아닌 평화의 마음으로 여러분의 생각을 표현하십시오."

"추기경님, 저희도 평화를 사랑합니다. 하지만 폭력을 앞세우는 상대를 평화로운 마음만으로 이길 수 있습니까? 맨손으로 무기를 든 상대를 이길 수 있느냐는 말입니다."

학생들의 말에 수환은 고개를 들 수 없었습니다. 수환은 부끄러웠습니다. 학생들의 말은 결코 틀린 말이 아니었습니다. 고문하다 사람을 죽였음에도, 잘못을 인정하기는커녕 또 다른 폭력으로 학생들을 억누르려 하는 것이 바로 그 증거였습니다.

수환은 한참 후에야 이렇게 말했습니다.

"먼저 여러분께 용서를 구하고 싶습니다. 세상이 이렇듯 어지러운 것은 교회가 자신의 직분을 다하지 못했기 때문입니다. 교회의 최고 책임자로서 깊이 사과를 드립니다."

수환이 허리를 숙여 사과하자 학생들은 하나둘 동요하기 시작했습니다.

"추기경님의 잘못을 탓하는 것은 아닙니다. 추기경님을 믿기에 저희도 다른 곳이 아닌 명동 성당으로 들어온 것이 아니겠습니까?"

"그렇게 이야기해 주니 고맙습니다. 여러분은 제게 자식과도 같습니다. 여러분이 다치는 것을 저는 보고 싶지 않습니다. 그러니 제 이야기에 귀 기울여 주십시오. 우리의 마음은 보여 주되,

폭력은 쓰지 맙시다. 폭력을 쓰면 박종철 군을 죽인 사람들과 다를 바가 없게 된다는 것을 잊지 마십시오. 지금은 믿기 힘들겠지만 결국 부드러운 것이 강한 것을 이기는 법입니다."

"정말 그렇게 생각하세요?"

"저는 그렇게 믿고 있습니다."

시위대 학생들은 오랜 시간 토의를 했습니다. 대표 학생이 일어나 학생들이 결의한 내용을 알려 주었습니다.

"추기경님의 말씀대로 하겠습니다. 대신 부탁이 하나 있습니다. 경찰도 최루탄을 쏘지 않게 해 주십시오."

"고맙습니다. 여러분 의견은 경찰에게 전하도록 하겠습니다."

자신의 말에 순순히 따르는 학생들이 너무도 고마웠습니다. 무슨 수를 써서라도 이들을 보호해야겠다는 생각을 한 건 바로 그때였습니다. 학생들의 동의를 얻은 수환은 이번에는 경찰 병력을 지휘하는 고위 간부를 만났습니다.

"학생들이 폭력을 쓰지 않겠다고 약속했습니다. 그러니 경찰도 최루탄 사용을 중지해 주십시오."

"알겠습니다."

"요청이 하나 더 있습니다."

"말씀하십시오."

"학생들이 안전하게 돌아갈 수 있게 보장해 주십시오."

"그건 좀……. 학생들은 법을 어긴 사람들입니다. 그러니 체포도 하지 않고 그냥 보낼 수는 없습니다."

수환은 나직한 한숨을 내쉬었습니다. 학생들을 체포하려 든다면 또다시 폭력 사태가 벌어질 것이 너무도 분명했습니다. 서로가 한 걸음씩 양보해야 폭력을 피할 수 있건만, 경찰은 양보할 생각은 조금도 없는 것 같았습니다.

수환은 아무런 결실도 얻지 못하고 성당으로 돌아왔습니다. 그날 밤 낮에 만났던 고위 간부가 다시 수환을 찾아왔습니다. 그는 우물쭈물하더니 이렇게 말했습니다.

"아무래도 학생들을 강제로 해산시켜야 하겠습니다."

"그 방법밖에는 없습니까?"

"제가 마음대로 할 수 있는 일이 아니라서……."

"학생들을 잡아들여야 속이 시원하시겠습니까? 저 학생들이 이 나라의 미래라는 것을 왜 모르십니까?"

고위 간부는 대꾸를 하지 못했습니다. 수환은 그 침묵의 뜻을 곧바로 알아들었습니다. 오늘 밤이건 내일 밤이건 준비가 되는 대로 학생들을 무기와 폭력으로 제압하겠다는 뜻이었습니다. 수환은 그의 눈을 똑바로 바라보며 말했습니다.

"폭력으로 박종철 군을 죽게 했다는 것을 벌써 잊었습니까?"

"……."

"도저히 설득이 안 되는군요. 알겠습니다. 그렇게 하십시오. 대신 경찰이 성당에 들어오면 제일 먼저 나를 만나게 될 것입니다. 그리고 나와 함께 있는 신부와 수녀들을 만나게 될 것입니다. 학생들을 잡아가려면 잡아가십시오. 그러기 위해서는 먼저 나를 밟고, 신부와 수녀들을 밟고 지나가야만 할 것입니다."

고위 간부가 무슨 말인가를 하려 했지만 수환은 아예 고개를 돌려 버렸습니다. 절대로 양보할 수 없다는 마음을 그렇게 표현한 것이었습니다. 고위 간부는 죄지은 사람처럼 고개를 푹 숙이고는 방을 나갔습니다.

그런데 고위 간부가 떠나가고 혼자 있게 되자 불안한 마음이 들었습니다.

'학생들을 해산시킨다는 방침은 경찰이 정한 게 아니라 정부에서 정한 것이겠지. 대통령의 성향으로 보아 그냥 밀고 나갈 가능성이 꽤 높다고 볼 수 있어. 밀고 들어온다…… 그럼 어떻게 해야 하나?'

밤이 깊었지만 수환은 잠을 이룰 수 없었습니다. 고민하던 수환은 신부와 수녀들이 모여 있는 기도회장으로 발걸음을 돌렸습니다. 기도회장에 들어선 수환은 깜짝 놀랐습니다. 뜨거운 기도 소리가 기도회장을 가득 메우고 있었던 것입니다.

'그래, 내가 할 수 있는 일은 아무것도 없어. 하느님께 모든 것을 맡기는 거야.'

수환은 무릎을 꿇고 기도하기 시작했습니다. 이십 분 정도 기도하고 나니 마음이 편안해졌습니다. 앞으로 일어날 일을 결정하는 것은 하느님이지 자신이 아니라는 사실을 새삼 깨달은 것입니다. 그렇게 마음을 정리하니 불안함이 사라졌습니다.

기도를 마치고는 아침이 밝을 때까지 학생들을 지켜보았습니다. 다행히 아무런 일도 일어나지 않았습니다. 수환은 숙소로 돌아와 편안하게 잠자리에 들었습니다.

다음 날 밤 경찰은 명동 성당 앞을 지키고 있던 경찰들을 철수시켰습니다. 수환은 학생들 앞에 서서 그 사실을 알렸습니다.

"경찰이 해산했습니다. 여러분은 이제 안전하게 집으로 돌아갈 수 있습니다. 그동안 수고 많았습니다. 하지만 이제는 해산할 때입니다."

"신부님!"

"여러분이 원하던 뜻을 이루었으니 이제 성당을 성도들에게 돌려주셨으면 합니다. 저는 성도들과 함께 이 나라, 그리고 여러분들을 위해 쉬지 않고 기도하겠습니다."

그러자 젊은 학생들이니만큼 계속 싸우기를 희망하는 목소리도 만만치 않았습니다. 수환은 학생들의 의견이 하나로 모아지지 않자 다시 한 번 학생들에게 성당을 비워 줄 것을 부탁했습니다. 결국 학생들은 치열한 토의 끝에 수환의 뜻을 따르기로 했습니다. 수환은 떠나는 그들을 위해 버스 세 대를 마련해 주었습니다.

학생들이 떠나는 날, 수환은 성당 입구에 서서 학생들이 떠나가는 모습을 지켜보았습니다. 그곳에 수환 혼자만 있는 것은 아니었습니다. 신부와 수녀들은 물론이고 일반 시민들도 있었습니다. 학생들을 향한 박수가 쏟아졌습니다. 무력으로 진압하려는 경찰에게 맨주먹으로 맞선 그들이었습니다. 수환 또한 박수를 쳤습니다. 자신에게 손해가 갈 것을 뻔히 알면서도 정의를 위해 목소리를 높인 학생들의 용기는 높이 살 만했습니다.

학생들이 모두 떠나가자 수환은 오래간만에 명동 성당을 둘러보았습니다. 학생들이 모여 있던 흔적이 아직 여기저기에 남아 있었지만 그것은 성당이 제 역할을 해냈다는 증거이기도 했습니다. 교회가 다리 역할을 잘한 덕분에 자칫 잘못했으면 많은 사람들이 다칠 수도 있던 위기를 아무 일 없이 잘 넘겼던 것입니다.

몇 달 후 수환은 일본 나가사키에서 기쁜 소식을 들었습니다. 대통령을 국민들이 직접 뽑을 수 있도록 헌법을 바꾸는 일에 노태우 후보가 찬성했다는 소식이었습니다.

지금까지는 대통령을 국민의 손으로 뽑을 수가 없었습니다. 그래서 국민의 뜻과는 상관없는 대통령이 나라를 다스려 왔습니다. 이제부터는 달라질 것입니다. 많은 국민이 원하는 이가 대통령으로 뽑혀 이 나라를 다스릴 것입니다.

수환의 머릿속에 얼마 전 명동 성당에서 마주쳤던 학생들이 떠올랐습니다. 그 학생들의 용기와 열정이 오늘의 기적을 만들어 냈습니다. 수환은 나지막한 목소리로 중얼거렸습니다.

"하느님, 감사합니다. 이제 한국에서도 민주주의의 꽃이 피어나겠군요."

바보 김수환

1998년 여름, 수환은 서울 대교구장 자리를 내놓았습니다. 삼십 년 동안이나 머물렀던 자리였습니다. 생각해 보면 과분한 은혜가 있었기에 가능한 일이었습니다. 신부가 되는 것을 주저하던 소년이 신부가 되고, 주교가 되고, 추기경이 되었습니다. 남들보다 나은 것이 하나도 없으면서 사람들을 돕기 위해 이곳저곳을 바쁘게 뛰어다녔습니다. 그런 그가 마침내 대교구장 자리를 내놓고 은퇴하게 된 것입니다.

수환은 조용히 떠나려 했지만 사람들은 수환을 그냥 내버려 두지 않았습니다. 수환을 위한 감사 미사를 열어 준 것입니다. 수환은 마지막 미사에서 어떤 말을 할지를 꽤 오래 고민했습니다.

수환이 한 말은 다음과 같았습니다.

"부족한 사람을 불러 써 주신 하느님께 감사를 드립니다. 순간순간 도움과 위로의 손길을 내밀어 주신 성모 마리아님께 감사를 드립니다. 기도와 봉사를 아끼지 않은 신도들께 감사를 드립니다."

꽤 오래 고민한 것치고는 평범한 말일 수도 있겠습니다. 그렇지만 원래 진리는 평범한 말 속에 있는 법입니다. 수환이 생각하기에 감사는 아무리 강조해도 지나친 법이 없었으니까요.

그날 신도들이 보여 준 사랑 또한 수환은 평생 잊지 못할 것입니다. 명동 성당 마당을 가득 채운 성도들은 "추기경님, 사랑해요.", "우리들의 추기경님, 영원히 잊지 않을게요." 같은 내용의 팻말까지 만들어 와 수환을 반겼습니다. 수환은 자신도 모르게 눈시울이 뜨거워지는 것을 느꼈습니다.

사실 뒤돌아보면 수환의 지난 삼십 년은 아쉬움의 연속이었습니다. 수환은 기도도 잘 하지 못했고, 신도들에게 뜨거운 사랑을 베풀지도 못했습니다. 높은 자리에 있으면서 교만한 마음을 먹은 적도 많았습니다. 일을 체계적으로 처리해 나가지도 못했습니다. 그때그때 닥친 일들을 해결하기에 급급했는데 어느새 삼십 년이 지난 것입니다. 스스로 점수를 매겨 보자면 100점 만점에 60

점 정도밖에는 되지 않을 것입니다. 그런데도 성도늘은 수환에게 과분한 환대를 베풀었습니다. 참으로 고마운 일이 아닐 수 없었습니다.

수환은 마지막으로 명동 성당의 우뚝 솟은 첨탑을 쳐다보았습니다. 이제는 저 첨탑과 그 곁에 동무처럼 떠 있던 환한 달이 정말로 그리워지겠지요.

그러나 명동 성당을 떠난다 해도 사람들을 위해 사는 길이 끝난 것은 아닙니다. 수환은 속으로 굳게 다짐했습니다.

'이 세상 떠나는 그 날까지 사람들을 위해 열심히 살아야겠구나.'

그렇게 대교구장 자리에서 물러났지만 수환은 여전히 바빴습니다. 수환을 기다리고 있는 일들이 여전히 많았기 때문입니다.

수환은 북한 선교에도 정성을 기울였습니다. 사실 수환은 서울 대교구장을 지내면서 평양 교구장 서리(교구장 역할을 맡고 있지만 북한처럼 방문이 어렵거나 교구를 관리하기 어려운 경우, 교구장의 역할을 제대로 하기 어렵기에 서리를 붙임.)도 함께 맡고 있었습니다. 평양 교구장 서리는 물론 이름뿐인 자리였습니다. 남북이 갈라진 까닭에 교구장이면서도 교구를 찾아갈 수 없는 형편이었으니까요.

수환은 끼니를 제대로 잇지 못하고 있는 북한 사람들을 돕는 데

많은 애를 썼습니다. '북녘 동포를 위한 옥수수 죽 만찬'에 참석해 옥수수 죽을 먹으며 굶주리는 북한 사람들을 다 함께 돕자고 호소했습니다. 비록 국가의 이념은 우리와 다르지만 그렇다고 배고픈 이들을 그냥 보고 넘길 수는 없었기 때문입니다. 북한에 쌀을 보내 주는 일을 적극적으로 지지한 것도 그러한 까닭이었습니다.

먹고사는 문제보다 더 중요한 것은 북한 사람들의 마음을 변화시키는 일입니다. 수환은 하느님의 말씀을 전파해 조건 없는 큰 사랑을 깨닫게 하는 게 다른 무엇보다 훨씬 중요하다고 생각했습니다. 그래서 수환은 북에 파견할 사제들을 키우려고 옹기 장학회를 만들고 남은 재산은 모두 옹기 장학회에 주었습니다.

그런데 장학회의 이름을 왜 옹기라고 지었을까요? 수환에게 옹기 하면 가장 먼저 떠오르는 것은 어머니입니다. 아버지가 일찍 세상을 떠난 뒤 어머니는 옹기와 포목을 머리에 이고 다니며 장사를 했고, 그 돈으로 수환과 다른 형제자매를 키웠습니다. 그러니까 수환에게 옹기는 곧 어머니인 셈입니다.

또 하나, 옹기는 천주교가 탄압 받던 시절 신도들이 먹고살 수 있게 해 준 고마운 물건이었습니다. 수환의 어머니가 옹기를 팔러 다니며 천주교를 전파했듯 신도들은 옹기를 짊어지고 팔러 다니며 복음도 함께 전했습니다. 그렇듯 옹기는 천주교를 지켜 낸

선조들의 꺾이지 않는 신앙심을 뜻했습니다.

또, 수환이 생각하기에 옹기는 품이 넉넉한 그릇이었습니다. 옹기는 좋은 것, 나쁜 것, 깨끗한 것, 더러운 것을 가리지 않고 자신의 몸에 담아 줍니다. 수환은 오물조차 기꺼이 품어 안는 사람, 세상엔 옹기 같은 사람이 필요하다고 생각했습니다.

북한 사람들의 아픔을 위로하려는 목적의 장학회에 '옹기'라는 이름을 붙인 것에는 그런 깊은 뜻이 있었습니다.

수환은 젊은이들과의 대화에도 많은 시간을 보냈습니다. 은퇴하고 한동안은 '혜화동 할아버지'란 이름으로 전자 메일도 하고 인터넷 게시판에 글도 남겼습니다.

수환은 어려운 이들에게도 끊임없는 관심을 기울였습니다. 나병을 앓는 사람들이 모여 사는 소록도도 그중 한 곳이었습니다. 수환은 환자들의 손을 일일이 잡아 준 뒤 하느님 말씀을 전해 주었습니다.

"그가 찔린 것은 우리의 악행 때문이고 그가 으스러진 것은 우리의 죄악 때문입니다. 우리의 평화를 위해 그가 벌을 받았고 그의 상처로 우리는 나았습니다."

나병을 앓는 사람들에게 죄가 있어서 고통을 받는 게 아니라 우리 모두의 죄악을 그들이 뒤집어쓰고 있다는 뜻이 담긴 말씀이었습니다. 수환은 이 말씀을 통해 자신, 그리고 사람들 모두가 나병 환자들에게 빚을 지고 있다는 사실을 밝힌 것입니다.

수환은 이런 일들 말고도 참 여러 가지 많은 일을 했습니다. 그러나 수환이 대교구장 퇴임 후 가장 크게 마음을 쏟은 것은 다른 종교를 믿는 사람들과의 대화였습니다.

2000년 5월, 수환은 유학자이자 독립 운동가인 김창숙 선생님의 묘소를 참배했습니다. 사람들이 반갑게 수환을 맞이했습니다.

"추기경님이 직접 오실 줄은 몰랐습니다."

"김창숙 선생님은 이 나라를 위해 목숨을 바치신 분이십니다. 당연히 제가 와 봐야지요."

"하지만 천주교는 예전에 제사를 반대하지 않았습니까?"

"지금은 그렇지 않습니다. 제사는 우리 민족 고유의 관습이나 마찬가지입니다."

인사를 마친 수환은 묘소에 가서 술을 붓고 예를 올리는 등 유교의 격식을 그대로 따랐습니다. 다음 날 신문은 수환의 이런 행적을 보도했습니다.

사실 천주교와 유교는 가까워지기가 쉽지 않은 역사적 사건들이 많았습니다. 천주교 신도들을 탄압하여 죽음에 이르게 만든 사람들이 바로 조선의 유학자들이었습니다. 그런데도 천주교에서 최고 어른의 위치에 있는 사람이 유학자의 묘소를 참배하고 유교의 격식을 그대로 따르는 모습을 보인 것입니다.

신문 제목은 이러했습니다.

"가톨릭과 유교, 아름다운 만남을 이루다."

기사를 읽은 수환의 입가에 빙긋이 미소가 떠올랐습니다. 사실 수환이 다른 종교의 의식에 참여한 것은 이번이 처음은 아니었습니다. 서울 대교구장 자리에서 물러나기 얼마 전에는 길상사라는 절의 개원식에 참석해 축사를 하기도 했습니다. 그때의 기억도 수환의 머릿속에 여전히 남아 있습니다. 천주교의 최고 어른인 수환이 들어서자 많은 불교 신도들은 우레와 같은 박수를 보냈습니다. 개원식을 주관하던 법정 스님이 달려왔습니다.

"추기경님, 감사합니다. 외투는 저에게 주십시오."

"감사합니다."

수환은 법정 스님의 반가운 대접에 진심으로 감사를 표했습니다. 그런 뒤 수환은 길상사가 많은 이에게 깨끗한 향기를 샘솟게 하는 공간이 되기를 바란다는 축사를 해 또다시 큰 박수를 받았습니다.

수환은 종교 간의 대화가 이루어지지 않고 오히려 다툼만 일삼고 있는 현실이 늘 불만스러웠습니다. 그런 일이 벌어지는 이유는 오직 한 가지였습니다. 상대방을 존중하지 않고 자신의 것만 옳다고 믿는 이기적인 마음이 문제였습니다.

대화를 하려면 자신이 가진 것을 내놓고 양보해야 합니다. 그런데 우리의 모습은 어떠합니까? 다른 종교를 미신으로 여길 뿐 아니라, 각 종교의 상징물을 짓밟는 일이 아무렇지도 않게 일어납니다.

종교의 본뜻은 모든 이들을 사랑하고 정의가 이 땅에 퍼지도록 하는 데 있습니다. 수환은 그러한 큰 목적을 위해서라면 이념이나 형식의 차이는 그리 큰 문제가 되지 않는다고 생각했습니다. 서로 다른 종교 간의 대화, 결코 쉽지 않은 일이지만 수환은 멋진 첫걸음을 내딛은 셈입니다.

그렇게 바쁘게 지내던 어느 날 밤의 일입니다. 유난히 잠이 오지 않아 밤새 뒤척이던 수환은 자신의 인생을 찬찬히 돌아보았습니다. 열심히 살기는 했지만 무엇인가 부족한 듯한 느낌이 들었습니다. 가장 중요한 무엇인가를 놓쳐 버린 느낌이었습니다.

수환은 평생 사랑을 실천하기 위해 애를 쓰며 살았습니다. 꽤 많은 노력을 해 온 것은 분명한 사실이지만 문득 이런 생각이 들었습니다.

'난 정말 사랑을 베풀면서 살았던 걸까? 왠지 그게 아닌 것 같아…….'

수환은 고개를 갸우뚱했습니다. 왜 그런 생각이 든 것일까요? 고민하던 수환 앞에 많은 이들의 모습이 떠올랐습니다.

가장 가까이 서 있는 사람은 어머니였습니다. 꿈속에서도 보고 싶었던 어머니. 어머니가 수환을 보며 함박웃음을 띠며 말했습니다.

"수환아, 신부가 되어 주어서 참 고맙다."

하지만 그 말은 오히려 수환이 해야 될 말이었습니다.

"어머니, 제가 오히려 고맙습니다. 제가 어머니의 소원을 들어드린 게 아니라 어머니가 제 삶을 인도해 주신 겁니다."

다음으로 나선 이는 사형을 당했던 최월갑이었습니다.

"추기경님, 복된 말씀을 저에게 베풀어 주신 것, 정말로 감사합니다."

"월갑이, 그게 아니라 내가 자네에게 고맙다고 말해야 하네. 자네 덕분에 죽음을 아름답게 받아들이는 방법을 배우게 되었어."

지학순 주교의 모습도 보였습니다.

"추기경님, 저를 위해 애써 주신 것, 아직도 잊지 않고 있습니다."

"과분한 말씀이십니다. 주교님 덕분에 오히려 제가 정의가 무엇인지를 배우게 되었습니다."

여태껏 수환이 만났던 사람들이 빠짐없이 나타나 수환에게 감사를 표했습니다. 그들이 감사의 말을 할 때마다 수환은 점점 더 부끄러워졌습니다.

그때 갑자기 무엇인가 반짝 하고 떠올랐습니다. 수환은 자리에서 벌떡 일어났습니다.

'그래, 바로 그거였어!'

수환은 그제야 자신이 놓친 것이 무엇인지 깨달았습니다. 수환은 바보처럼 한참을 웃고 또 웃다가 두 손을 모으고 기도를 드렸습니다. 방금 깨달은 생각이 기도가 되어 흘러나왔습니다.

"저는 정말 바보입니다. 과분한 사랑을 받기만 했는데도 지금까지 늘 주고 살았다고 생각했으니 말입니다. 모두 정말 고맙습니다!"

방 안은 다시 조용해졌습니다. 따뜻한 달빛만이 방 안을 비출 뿐입니다. 오래전 어머니가 들려주었던 요셉 라브르 성인의 다짐을 떠올려 봅니다.

'하느님 사랑, 이웃 사랑, 자기 자신을 내세우지 않는 마음', 처음 두 가지는 그나마 쉬웠는데, 자기 자신을 내세우지 않는 마음은 사실 매우 어려웠습니다. 사랑을 준 게 아니라 받았다고 생각하는 마음, 그것이 바로 자기 자신을 내세우지 않는 마음이었습니다.

어쩌면 이렇게 뒤늦게야 그런 중요한 사실을 깨닫게 된 것일까요? 칠십 년이 넘게 걸려서야 그 사실을 깨달았으니 그나마 다행이라고 해야 할까요.

"허허허. 나는 정말 바보 중의 가장 큰 바보로구나……."

수환의 낮은 웃음소리가 온 방에 울려 퍼졌습니다. 바보라는 깨달음, 사랑을 베푼 것이 아니라 받은 것이라는 깨달음, 그것이 자기 자신을 내세우지 않는 마음이라는 것을 수환은 깨닫게 된 것입니다.

그것들은 여태껏 수환이 살면서 깨달은 가장 훌륭한 깨달음이었습니다. 수환은 조금 전 나타나 자신을 깨우쳐 주었던 이들에게 이렇게 고백했습니다.

"너무 많은 사랑을 받았습니다. 고맙습니다."

알기 쉬운 천주교 용어

- **사제** : 천주교회의 여러 가지 일을 맡아 하는 직분을 가진 사람을 말합니다. 미사를 집전하고, 성도들의 고해 성사를 들어주는 일 등을 합니다. 사제가 되기 위해서는 신학교를 졸업하는 등의 일정한 자격을 갖추어야 합니다.
- **주교** : 천주교에서 한 지역(교구)을 맡아 일하는 최고 성직자를 말합니다. 교구에서 일어나는 모든 일들을 관장하고 책임집니다. 여러 지역이나 대도시(대교구)를 책임지는 성직자는 특별히 대주교라고 부릅니다.
- **미사** : 천주교에서 신도들이 다 같이 모며 치르는 예식을 말합니다. 말씀과 찬양을 통해 사람들의 죄를 대신해 십자가에 못 박힌 예수님의 정신을 되새기는 것이 목적입니다.
- **서품** : 천주교회를 위해 일하는 주교, 사제, 부제를 임명하는 것을 말합니다. 서품된 이들은 평생 교회를 위해 일할 자격을 얻습니다.
- **서울 대교구장** : 우리나라 천주교에는 서울, 광주, 대구 이렇게 모두 세 곳의 대교구가 있습니다. 그중에서 서울의 대교구를 책임지는 성직자를 서울 대교구장이라 부릅니다. 김수환 추기경이 퇴직한 후로는 정진석 추기경이 서울 대교구를 맡고 있습니다.
- **선종** : 천주교에서 죽기 전에 죄를 다 고백하고 용서를 받아 큰 죄가 없는 상태에서 죽는 것을 이릅니다.

김수환 추기경이 걸어온 발자국

1922년 5월 8일	대구 출생(음력)
1933년	대구 성유스티노신학교 예비과 입학함.
1941년 3월	서울 동성상업학교(동성고등학교)를 졸업함.
1941년 4월	일본 도쿄 조치대학교 입학함.
1942년 9월	일본 도쿄 조치대학교 문학부 철학과 진학함.
1944년 1월	제2차 세계 대전으로 인해 학업 중단함.
1947년	성신대학(가톨릭대학교 신학대학) 편입함.
1951년 9월 15일	사제 수품 및 안동 성당 주임 신부
1953년 4월	대구 대교구 교구장 비서 신부
1955년~1956년	대구 김천 성당 주임 겸 성의중·고등학교 교장
1956년~1963년	독일 유학, 뮌스터대학교 대학원 사회학 전공
1964년~1966년	가톨릭시보사(가톨릭신문사) 사장
1966년 5월 31일	주교가 되고 마산 교구장을 맡음.
1968년 4월 9일	서울 대주교로 지위가 오름.
1968년 5월 29일	제12대 서울 대교구장에 오름.
1969년 4월 28일	교황 바오로 6세에 의하여 추기경으로 임명됨.
1970년~1975년	한국 천주교 주교회의 의장(1차로 지냄.)
1970년~1973년	아시아 천주교 주교회의 구성 준비 위원장
1975년~1998년	평양 교구장 서리 겸임
1981년~1987년	한국 천주교 주교회의 의장(2차로 지냄.)
1998년 5월 29일	서울 대교구장 및 평양 교구장 서리 퇴임
2009년 2월 16일	선종